쉽게 배우는

플라이 낚시

Fly Fishing

덴카라 낚시 도구와 기술

이재철 지음

북스힐

○

조사(釣師)의 노래

○

이 세상에 즐거움 태산 같이 많으나
내키는 대로의 낚시가 제일
다른 오락은 쉬 지치게 될 뿐
낚시만이 홀로 즐길 수 있고
자유로운 천지를 노래한다네.

행복은 나와 함께 있네.
그리고 하느님도 나와 함께 있네.
하늘은 물고기를 잡는 어부를
사람의 마음을 낚는 어부라 하셨으니
그 어부보다 더 큰 즐거움 없으리.
낚싯줄 늘어놓고 하늘에 감사하네.

아이작 월턴(Izaak Walton1593~1683)의
조어대전(The Compleat Angler)

머리말

사람들은 수년간 낚시를 했다. 처음에는 음식을 위해서 물고기를 잡았지만, 이제는 레저 스포츠로 인기가 있다. 등산, 자전거 타기 같은 취미활동의 목적은 정신적 육체적 영향에 큰 이득이 있다.

그러나 과정이 제대로 발휘되지 못하면 이득은 없다. 플라이낚시는 여러 가지 훈련을 받았어도 온전한 전문가가 될 수 없는 엄청나게 복잡하고 열정적인 스포츠일 수 있다.

그래서 대부분의 사람들은 단순한 플라이낚시를 발견한다.

"하늘로부터"라는 의미를 가진 덴카라는 산간 계류에서 연어, 송어, 산천어를 낚는 일본의 낚시방법이다.

플라이낚시를 배우는 데 가장 쉬운 방법은 바로 덴카라로써 낚시를 배우는 것이다.

우리네도 옛날부터 산간 계류의 특정 장소에서 산천어, 송어, 열목어를 잡았다. 아마 낚시기법은 덴카라와 매우 흡사했을 것으로 추정된다.

물고기가 있는 장소에서 낚시를 배우는 이외에. 낚시꾼들이 물고기를 잡을 수 있는 중요한 것은 플라이의 행동을 제어하는 것이다. 이는 플라이의 색상이나 크기, 그날의 시간, 완벽한 캐스팅 같은 것보다 더 중요하다. 이것은 덴카라가 출중하다.

깊은 산골에서 산천어, 송어, 열목어, 갈견이를 노릴 수도 있지만, 오히려 도시근교에서 피라미, 갈견이, 끄리, 강준치, 누치, 황어 같은 어종들을 손쉽게 노릴 수 있다.

이 책에서 대부분의 정보는 초보자를 대상으로 하지만 숙련된 플라이 낚시꾼도 이 정보들로부터 혜택을 볼 수 있다.

가장 단순한 낚싯대와 그 끝에 라인은 물고기가 먹이를 물고 몸짓으로 전하는 거리까지 어떻게 플라이를 갖다 두는지 당신을 단순한 스포츠의 진리로 가까이 데려간다. 또한 당신은 물에서 더욱 더 당신의 시간을 즐길 것이며, 많은 물고기를 잡을 것이라고 믿는다.

차례

◦

덴카라 낚시란?

고대부터 대나무 낚싯대와 인공 미끼를 사용한 것을 보여주지만, 덴카라 낚시가 서양에 알려진 최초의 문서는 1878년 영국 외교관의 일기였다.

최근, 덴카라는 세계적으로 매우 인기 있는 낚시 방법이 되었다. 덴카라는 "하늘로부터"라는 뜻으로, 플라이(게바리)가 수면에 부드럽게 닿는 것을 상징한다.

그것은 간단하기 때문에 초보자에게는 많은 매력을 가지고 있다. 도구는 비싸지 않고, 가볍고, 너무 크지 않은 물고기들을 잡는 매우 효과적인 방법이다.

기존의 플라이 라인과 릴을 사용하지 않고, 낚싯대와 라인을 사용하여 드랙 없이 플라이를 수면 또는 수면 아래에 매달아서 플라이가 표류하는 동안 조종할 수 있어서, 살아있는 곤충의 행동을 흉내 내며, 물고기도 끌어들인다.

플라이 낚시와 덴카라 낚시 사이에 철학적 차이가 있다.

덴카라 전문가는 "올바른 플라이"를 라인에 묶는 것

보다 단순하고 기본적인 플라이만 골라서 은밀한 추적과 캐스팅 기술에 의존하는 것을 즐긴다.

서양 플라이 낚시꾼은 많은 종류의 플라이들을 가지고 각각의 플라이를 정확히 언제 사용해야 하는지 아는 것은 수세기 동안의 필수적인 부분이었다.

플라이 낚시나 덴카라 낚시로써 재미있는 플라이 패턴에 대해 알고 조건에 가장 적합하게 보이는 것을 고르는 것이다.

그런데 어떤 상황에서는 플라이 패턴이 그다지 중요하지 않다는 것을 양측 모두는 받아들이고 있다. 그러한 상황 중 하나로 크고 잔잔한 강에 비해 수생곤충이 많지 않은 작고 급한 계류이다. 이것은 덴카라가 진화한 물이다. 그러한 계류의 물고기는 플라이에 대해 그다지 까다롭지 않다. 적당한 크기의 인상적인 플라이 패턴은 일반적으로 이러한 상황에서 물고기를 잡을 것이다.

특히 가벼운 착수와 자연스럽게 표류하고, 물고기가 낚시꾼을 볼 수 없도록 던질 경우에 그렇다.

반면, 넓고 평평하며 느린 강에서 허리 깊이의 낚시꾼을 물고기가 발견한다면 정말로 매우 신중하게 플라이를 선택해야 한다. 이와 같이 비교적 안정적이고 냉량한 환경에서 특정 종류의 하루살이는 한 번에 몇 주 동안 매일 매우 많은 수로 우화(羽化)한다.

물고기는 하루 종일 같은 벌레를 먹는데 익숙해진다. 몸집이 쌀알보다 작은 #20 설퍼 메이플라이(Sulfur Mayflies)를 먹는다면 #12 사카사 게바리는 아마 식품등록조차 되지 않는다.

그런 상황에서 선택은, 예를 들어 작은 노란색-오렌지 컴파라 던(Compara Dun) 드라이 플라이를 사용하거나 돌멩이가 많은 수역(水域)과 급류가 있는 곳으로 간다.

컴파라 던(Compara Dun)

덴카라 낚시 도구

낚싯대는 탄소섬유로 만든 보통 11~15 ft(3.3~4.5 m) 길이와 텔레스코픽 처럼 신축할 수 있고 매우 유연하다. 이것은 가볍고 휴대하기 편하다.

낚싯대의 액션은 5:5(슬로우 액션), 6:4/7:3(미디엄 액션), 8:2(패스트 액션)와 같이 빳빳한 버트 길이와 유연한 팁 길이의 비율로써 결정된다.

40 cm가 넘는 물고기를 거의 예상할 수 없는 작은 강에서는 미디엄 액션 3.3 m로도 충분하다.

플라이 낚시에 비해서 덴카라 낚시 도구는 훨씬 간단하며 물고기를 잡는데 더 효과적이라고 대부분의 애호가들이 주장하고 있다. 확실히 덴카라 시스템은 낚시꾼이 플라이를 섬세하게 제시할 수 있게 하고, 거친 워터 포켓에서도 아주 적은 드랙으로 낚시할 수 있게 하며, 물고기가 볼 수 있는 플라이 라인이 없기 때문에 은밀한 낚시가 가능하다. 따라서 물고기는 덜 놀랄 수 있다.

모노필라멘트는 저렴하며 수심에 따라 어떤 길이로

도 절단되고, 곧 바로 낚시가 가능하다.

시인성이 높은 라인은 캐스팅 기술을 관찰하고 개발하는 데 도움이 될 수 있다. 더 부드러운 프레젠테이션을 위해서 테이퍼 퀄드(furled) 라인을 모노필라멘트 대신에 사용할 수 있지만, 이것들은 더 비싸다. 레벨 라인은 20~50 m 길이로 스풀에 감겨 있어 필요한 길이로 절단해 사용할 수 있다.

레벨 라인의 등급은 숫자가 낮을수록 물에 달라붙지 않아 물에서 멀리 유지하기가 쉬워지고, 더 높은 숫자는 쉬운 캐스팅과 특히 큰 무게로 인한 바람에 더 나은 캐스팅 라인으로 제공된다.

레벨라인㊧과 테이퍼라인㊨

| 레벨 캐스팅 라인

일본 등급	미터법 직경	영국 직경
#2	0.235 mm	0.009“
#2.5	0.260 mm	0.010“
#3	0.310 mm	0.012“
#3.5	0.3155 mm	0.0125“
#4	0.330 mm	0.013“
#4.5	0.3556 mm	0.014“
#5	0.370 mm	0.015“

위 표는 레벨 캐스팅 라인에만 적용된다.

때때로 플라이 낚시꾼들은 플루오르카본 리더의 재료로 레벨 라인을 만드는 것에 꽤 익숙하다.

#4호는 좀 무거운 편이고 큰 플라이를 던지거나 바람이 부는 날에 도움이 된다. #3.5호는 텐카라 낚싯대에 적합한 만능 라인 크기로 간주될 수 있으며, 물에서 쉽게 분리될 수 있을 만큼 충분히 가볍다. #3호는 무게가 나가지 않은 작은 플라이와 함께 사용하며 바람이 잔잔하지 않을 때 사용하기 쉽다.

티핏은 라인과 플라이를 연결하는 마지막 구간으로, 플라이 낚시에서 사용하는 것과 같다.

일반적으로 길이는 1~5 ft(0.3~1,5 m)이며 라인 끝에 추가된다. 나일론 또는 플루오르카본으로 만들 수 있고, 플루오르카본은 덜 보이고 더 빨리 가라앉고, 나일론은 더 많은 탄성을 갖고 더 나은 내충격성을 제공한다.

게임 낚시꾼은 은밀함을 위해 플루오르카본을 선호한다. 그러나 드라이 플라이로 주로 낚시할 경우에는 나일론이 더 잘 뜨며, 저렴하고, 환경에도 더 좋다.

| 티핏의 크기 및 강도

직경 (in)	크기 (X)	파단강도 (lb)	적당한 훅의 크기
0.003	8X	1.2	24, 26, 28. 32
0.004	7X	2	20, 22, 24, 26
0,005	6X	3	16, 18, 20, 22
0.006	5X	4	14, 16, 18, 20
0.007	4X	5	12, 14, 16, 18
0.008	3X	6	10, 12, 14
0.009	2X	7	6, 8. 10
0.010	1X	8.5	2, 4, 6
0.011	0X	10	1/0, 2, 4
0.012	X1	12	2/0, 1/0, 2
0.013	X2	14	3/0, 2/0, 1/0, 2
0.014	X3	16	5/0, 4/0, 3/0, 2/0
0.015	X4	18	6/0, 5/0. 4/0, 3/0

전형적인 덴카라 채비

덴카라 낚시는 라인이 비교적 짧고 가벼운 것을 사용하기 때문에 물에서 떨어뜨리기 쉽고 매우 섬세하다. 덴카라 라인은 가시성이 높은 모노필라멘트로 구성할 수 있지만, 최신 플루오르카본 레벨 라인이 가장 많이 사용된다. 몇몇 사람은 플라이의 턴-오버를 향상시키는 코폴리머 레벨 라인, 테이퍼 코폴리머 라인, 테이퍼 플루오르카본 라인 또는 퀼드 라인을 사용한다.

플루오르카본은 훨씬 얇고 물을 밀어내기 쉽지만 가라앉기 쉬워 부력제 코팅이 필요하므로 자주 보충해야 한다. 그러나 환경보호 차원에서 코폴리머는 생분해가 되는 반면에 플루오르카본은 생분해되지 않아 함부로 폐기하지 않아야 한다.

덴카라 낚시는 낚싯대 끝의 강도에 대한 한계를 염두에 두고 짧은 라인으로 물고기를 잡는 것이 더 쉽다. 낚싯대 길이보다 1ft(30 cm) 이상 길지 않은 라인과 티핏이 결합된 길이를 갖는 것이 바람직하다.

드라이 플라이 채비는 덴카라 낚싯대 길이보다 1~3

ft(30~90 cm) 짧은 레벨 라인과 2~4 ft(60~120 cm) 길이의 티핏으로 구성된다.

퍼펙션 루프(perfection loop)는 루프 대 루프 또는 블러드 매듭(blood knot)을 이용하여 티핏을 연결하기 위해 라인의 끝에 묶을 수 있다.

낚싯대는 드랙(drag) 없이 수면에서 드라이 플라이로 낚을 수 있도록 높이 쳐든다. 플라이는 먼저 물에 착수해야 하며, 그 다음에 최소량의 티핏이 착수해야 한다.

님핑(Nymphing)은 낚싯대 길이보다 약 5 ft(1.5 m) 짧은 라인에 약5 ft(1.5 m)의 티핏을 더하지만, 그 사이에 밝은 색상의 사이트(sight)는 약 15 cm로 연결된 전체 길이는 낚싯대와 거의 같다. 이들은 블러드 매듭 또는 루프 대 루프로 연결한다.

님프는 상류로 던져지고 낚싯대 끝에서 다시 하류로 인도되어 이상적으로는 강바닥을 따라 튀는 것이 좋다.

라인은 릴리안이라는 짧게 땋은 줄로 낚싯대에 연결되며, 이 땋은 줄이 낚싯대 끝에 접착된다.

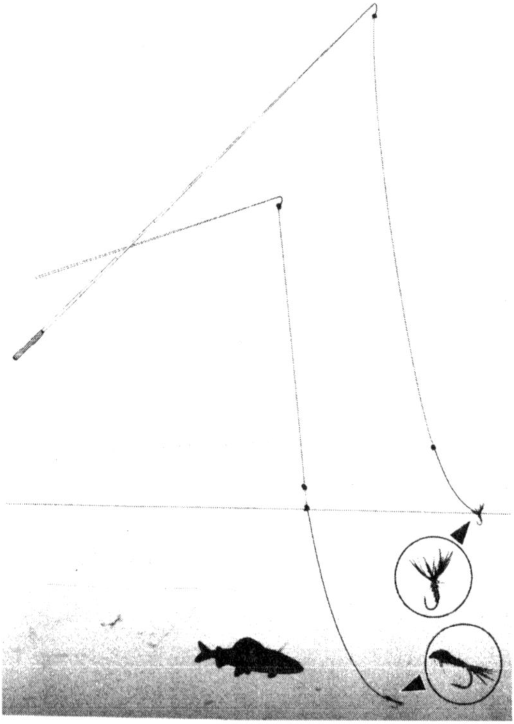

드라이 플라이 및 님프 플라이 채비

릴리안에 라인 연결

릴리안에 대한 라인의 연결 매듭은 라인이 바뀔 때 묶고 풀기가 상당히 간단하다. 아래 그림은 이것이 어떻게 이루어지는지를 보여준다.

먼저 오버핸드 매듭(overhand knot)을 릴리안의 끝 부분에 짓는다. 이렇게 하면 메인 매듭이 장력으로 미끄러지는 것을 막을 수 있다.

오버핸드 매듭(Overhand Knot)

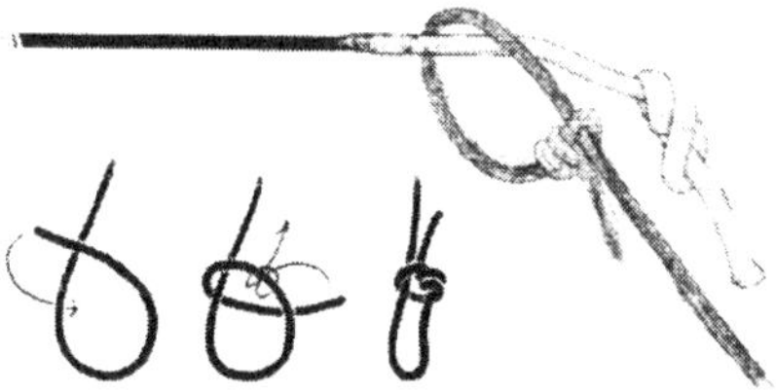

릴리안에 라인 연결

그 다음에 루프를 만들고 꼬리 끝을 털리 매듭(turle knot)으로 두 번 통과시켜 고정한다.

이제 라인과 릴리안의 꼬리 끝을 서로 반대 방향으로 당겨서 빠르게 풀릴 수 있는 간단한 매듭이 생겼다.

채비

* 드라이 플라이 채비 : 보통 낚싯대 보다 30~90 cm 짧은 라인에 티핏을 더해 낚싯대보다 30 cm 더 긴 전체길이를 갖는다.
  티핏과 연결은 퍼펙션 루프(perfection loop)를 이용한 루프 대 루프 또는 블러드 매듭을 한다.

* 님프 채비 : 낚싯대보다 1.5 m 짧은 라인, 15 cm의 사이트 인디케이터 리더 및 티핏은 수심의 1.5배를 합쳐 전체길이를 갖는다.
  리더와 인디케이터는 루프 대 루프로 연결한다.
  블러드 매듭은 동일 직경의 연결에 좋고, 더블 서전즈 매듭은 다른 직경의 연결에 좋다.

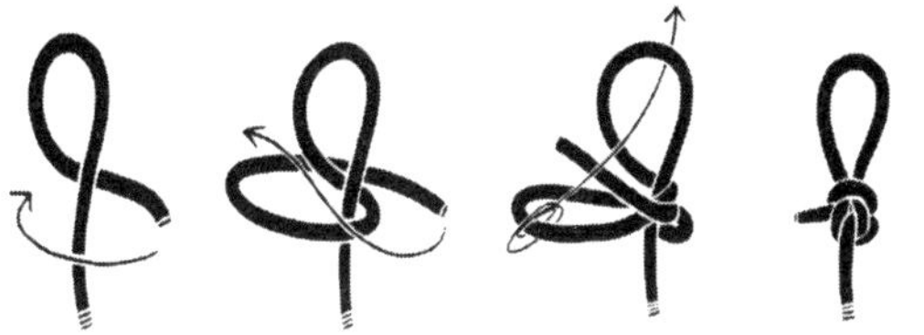

퍼펙션 루프(Perfection Loop)

루프 대 루프 연결(Loop to Loop)

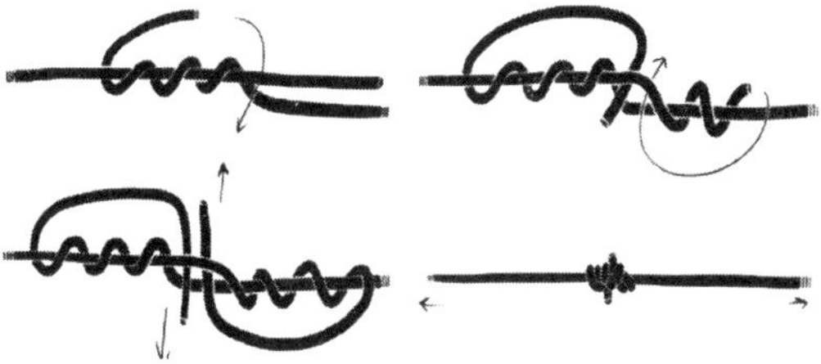

블러드 매듭(Blood Knot)

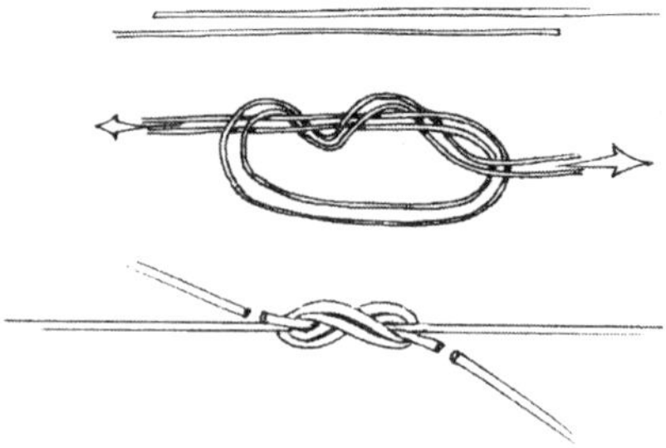

더블 서전즈 매듭(Double Surgeon's Knot)

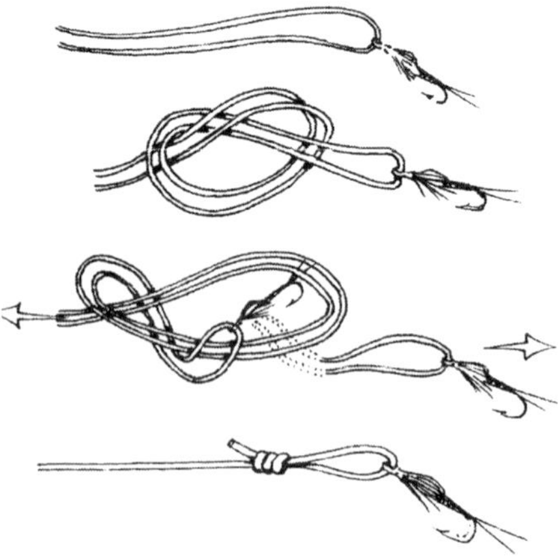

작은 바늘 가는 티핏에 묶기

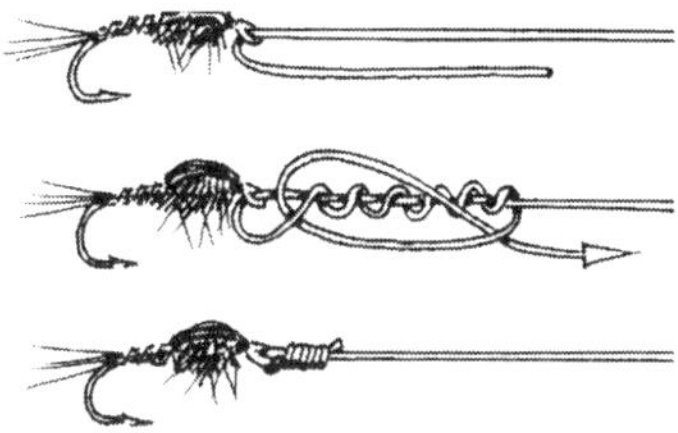

클린치 매듭(clinch knot)

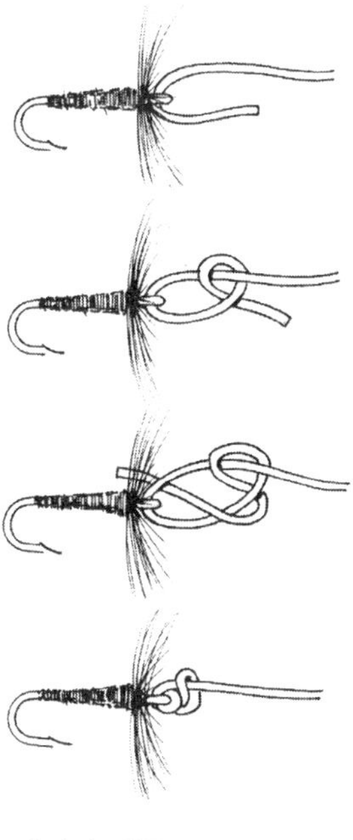

데이비 매듭(Davy Knot)

수생곤충의 생활사

수생곤충의 라이프 사이클은 전부 또는 일부를 물속에서 생활하는 곤충을 총칭한다. 우리나라와 같은 온대지방의 수생곤충은 물속에서 알이나 유충단계로 겨울을 지내고 봄과 여름에 걸쳐 성충으로 우화(羽化)하며, 대부분은 1년 1세대이지만, 1년 2세대 또는 1년 다세대 및 2년 1세대 또는 다년 1세대인 경우도 있다.

하루살이, 강도래, 날도래 등은 대표적인 유수성 곤충이고, 잠자리, 노린재는 대표적인 정수성 곤충으로 볼 수 있고. 미지는 유·정수성 곤충이다.

메이플라이는 하루살이라고도 한다. 수생곤충 중에서 가장 대중적인 유형이라고 할 수 있다.

5월에 잘 우화하기 때문에 메이플라이로 불린다. 그러나 5월에 눈에 잘 띄지만 실제로는 3월부터 소형 메이플라이가 출현한다. 그리고 기온과 수온이 오름에 따라 대형 하루살이의 우화로 옮겨 간다. 플라이 낚시꾼이라면 이미 알고 있다고 생각하지만, 여기에 다시 복

습해 봅시다.

메이플라이는 님프로서 물속에서 보낸 후, 탈피해서 던(Dun)으로 되고, 육상생활을 할 수 있다. 던은 1~2일 후에 한번 탈피하고, 성충은 2~3일, 빠르면 1일을 보낸 후, 산란하고 죽는다. 즉, 메이플라이의 육상수명은 길어야 5일간, 짧으면 2일 밖에 안 된다.

메이플라이의 우화시기는 그 종류에 따라 다르지만, 대개 봄부터 가을 사이이다. 단기간에 집중적으로 우화하는 종류, 상당히 긴 기간에 걸쳐 우화하는 종류는 같은 성충이 장기간 살아있는 것은 아니다, 초봄부터 초여름에 우화가 집중하고, 또 봄과 가을에 2번의 우화를 하는 종류도 있다.

메이플라이의 종류나 이름을 기억하는 것은 어렵다. 하루살이 종류는 그 생활양식의 차이로 몇 가지 그룹으로 나눌 수 있다.

성충의 생활은 기본적으로 변화는 없지만, 님프의 생활과 그 체형의 차이, 또는 성충으로 우화할 때의 양식의 차를 기억해 두는 것이, 플라이 낚시에 도움이 된다. 더 자세히 알고 싶은 분은 꼭 전문 서적을 읽으면 좋겠다.

〈알, 님프, 이머저, 던, 성충, 스피너〉

하루살이의 생활사

님프의 생활양식은 크게 아래의 4가지로 나눌 수 있다.

(1) 완만한 흐름의 모래 바닥에 기는 유형
(2) 빠른 흐름의 바위 표면에 붙어 있는 유형
(3) 온화한 흐름의 자갈 바닥이나 바위 위를 기는 유형
(4) 서식은 (3)과 동일하지만, 활발하게 수영하고 이동하는 유형

이들이 우화할 때에는 3가지의 유형으로 나눌 수 있다.

㉠ 바위에 기어올라서 탈피하는 유형

㉡ 수면까지 부상하고 수면에 떠 있는 상태에서 탈피하는 유형

㉢ 수중에서 탈피하고 수면까지 떠오르는 유형

캐디스플라이(날도래)는 알, 애벌레(라바), 번데기(퓨퍼), 성충으로 라이프 사이클을 갖는 완전변태를 한다. 일반적으로 1년 1세대로 약 5회의 탈피과정을 거쳐 번데기의 상태가 된다.

라바는 유수와 정수생태계에 폭넓게 서식하며, 크게 집을 짓는 종(種)과 자유생활을 하는 종으로 나눠진다. 특히 집을 짓는 방법은 종에 따라 각각 다르며 점액과 비단 같은 가는 실을 몸에서 뽑아내어 수생식물의 부스러기, 모래, 육생식물의 일부를 이용하여 만든다. 집은 보호와 위장을 위해 돌에 붙어있는 짤막한 나무 부스러기로 밖에 보이지 않는다.

퓨퍼는 나방이나 나비의 번데기와 유사한 3단계 과정의 번데기로 변한다. 번데기가 되려는 라바는 우선 집의 뚜껑을 닫고 수 주간에 걸쳐 번데기로 변하는 과정을 겪는다. 집을 깨물어 부순 뒤 전혀 다른 모습으로 헤엄쳐 올라가거나 연안으로 기어 올라가 성충이 된다.

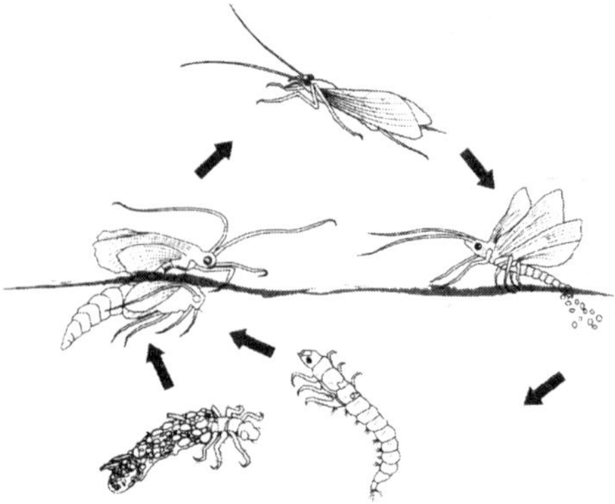

〈알, 라바, 퓨파, 성충〉

날도래의 생활사

날도래의 라이프 사이클은 하루살이보다 훨씬 길다. 성충 상태에서 쉬는 자세에 있을 때는 특징적인 "지붕" 모양을 가진 경사진 자세로 몸 위의 날개를 유지한다. 캐디스는 대부분 오후나 저녁에 우화한다.

스톤플라이(강도래)의 라이프 사이클은 대부분 1년 1세대를 거치지만, 대형의 경우 성충이 되기까지 2~3년이 걸리기도 하며, 하루살이와 거의 흡사하다. 성충을 구분하는 특징은 2쌍의 4장으로 된 커다란 날개를 접을 때 몸 위에 평평하게 접혀져 있다.

〈알, 님프, 성충〉

강도래의 생활사

강도래 님프의 서식처는 대부분 연중 수온이 낮고 청정한 유수역이다,

먹이를 먹는 방법에 따라 물속에 퇴적되어 있는 잔 시체를 주워 먹거나, 바위나 퇴적물에 붙어 있는 마름이나 이끼류를 긁어먹기도 하고, 나뭇잎 등을 썰어먹거나, 다른 무척추동물을 잡아먹는 무리로 구별할 수 있다.

강도래 님프의 일반적인 형태는 2개의 긴 앞 더듬이, 복부 끝에 1쌍의 항문아가미 작은 꼬리, 큰 겹눈과 2-3개의 홑눈, 잘 발달된 큰 턱과 작은 턱, 가슴배판의 분지된 기관아가미, 뚜렷한 날개주머니, 3마다로 이루어진 발목마디, 2개의 옆 꼬리 등이 특징이다.

강도래는 라이프 사이클의 대부분을 님프상태로 물속에서 보내고 짧은 성충시기 동안 육상생활을 한다. 하지만 일부 종의 경우에는 성충이 된 이후에도 물속에서 생활하기도 한다.

한편 대부분의 강도래 성충은 비행능력이 약하기 때문에 물가 주변에서 쉽게 발견할 수 있고 유충과 형태적으로 매우 유사하다.

강도래 님프는 유속이 빠르고, 용존산소가 풍부한 산간 계류의 바위나 중·하류 하천의 돌, 나뭇잎, 퇴적물 등의 아래에 붙어 있거나 숨어 있다.

미지(midge)는 깔따구라 한다. 일반적으로 대단히 작은 곤충으로 6 mm를 넘지 않으며 초과하는 경우는 극히 드물다. 미지는 종(種)도 많고 개체수도 풍부할 뿐만 아니라 거의 모든 환경에 적응하기 때문에 흐르는 물, 고인 물, 깨끗한 물, 더러운 물의 구별 없이 거의 모든 물에서 발견된다.

라버는 가늘고 체절이 있는 지렁이 같이 생겼으나 머리, 몸통, 꼬리의 구별이 없고, 체색은 붉은색, 녹색,

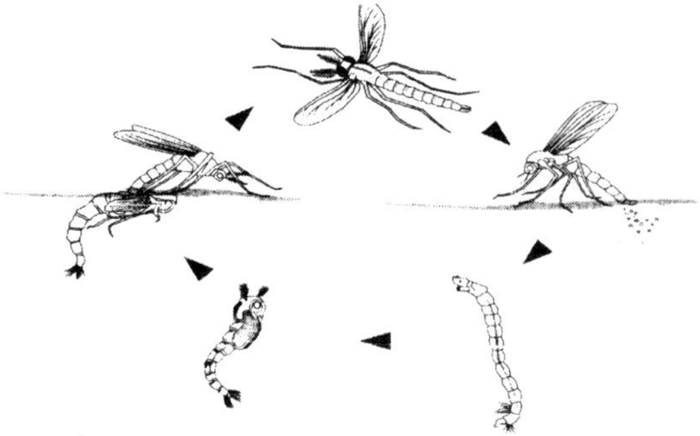

〈알. 라바, 퓨퍼, 이머저, 성충〉

미지의 생활사

노란색, 흰색 등으로 다양하다. 그들은 매우 활동적이고, 끝부분을 함께 흔들고, 강 진흙과 연못 바닥으로 파고든다.

번데기는 카이로노미드 퓨퍼(chironomidae pupa)라 한다, 라바와 퓨퍼 단계를 많이 모방해 낚시한다,

성충은 1년 내내 발견되는 작고 다작의 곤충이다. 종종 수면에 군집들로 결합하는 것을 볼 수 있고, 하천변을 걸어갈 때 눈앞을 가리는 수많은 떼와 차량을 덮는 것을 볼 수 있다.

| 곤충의 다양한 단계에 어울리는 기법

곤충	단계	기법
하루살이 (메이플라이)	님프	님핑
	이머저	웨트/장애 드라이 플라이
	던	드라이 플라이
	스피너	드라이 플라이
강도래 (스톤플라이)	님프	님핑
	성충	드라이/소프트 해클 플라이
날도래 (캐디스플라이)	라버	님핑
	퓨퍼	남핑 드라이/웨트 플라이
	산란성충	드라이 플라이
깔따구(미지)	퓨퍼	드라이/웨트 플라이
육생 곤충	모든	드라이 플라이

덴카라 플라이

거의 모든 서양식 플라이는 덴카라 도구로 낚시할 수 있다. 드라이 및 웨트 플라이, 비가중 및 가중 님프, 스트리머가 포함된다.

숙련된 덴카라 낚시인들은 단지 하나의 패턴으로 낚시할 것이고, 그 기술이 매우 다재다능하기 때문에 단지 물속에서 게바리를 조종하는 방식으로 드라이, 이머저, 웨트, 님프 패턴의 대용품으로 같은 게바리를 사용할 수 있다.

게바리는 아주 빠른 여울에서 낚시할 수 있다. 물에서 티핏의 가장 끝을 제외한 모든 것을 멀리 함으로써

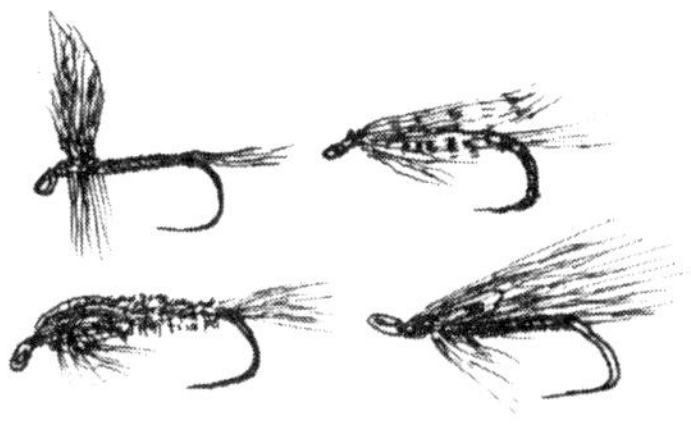

- 위 : 드라이 플라이㊧, 웨트 플라이㊨
- 아래 : 님프㊧, 스트리머㊨

게바리가 하류로 표류할 수 있게 하고 표류 끝에 천천히 들어 올릴 수 있다.

와류는 물에 표류하는 것을 방해하는 라인이 없기 때문에 덴카라 채비로 낚시하기 쉽다. 서양식 낚시를 하는 낚시꾼들은 종종 와류를 간과하지만 덴카라 낚시꾼은 종종 물고기를 잡는다.

포켓 워터는 기존기술을 사용하여 낚시를 하기 어렵지만 덴카라를 사용하면 게바리는 작은 풀(pool)로 흘러 들어갈 때 물속으로 빠뜨릴 수 있고, 소용돌이치는 물살에 휩쓸려 바닥까지 가라앉는다. 풀(pool)에서 게바리는 님프로 낚시를 할 수 있다. 게바리를 가라앉혀서, 풀(pool)의 꼬리에서 시작하여 상류로 낚시한다. 만일 손이 닿는 곳이면 먼 둑을 낚고, 풀(pool)의 맨 윗부분에서 여울 바닥을 낚는다.

님프가 그렇게 효과적인 이유는 항상 움직이고 있기 때문이다. 부드러운 미끼가 단단한 스푼과 루어를 대신하는 이유는 유혹적인 방법이 유연하기 때문이다.

많은 플라이 낚시꾼은 물고기가 있는 곳을 넘겨 플라이를 두는 장거리 캐스트 진수에 집착한다. 장거리 캐스트로는 플라이가 하는 행동을 제어할 수 없다. 아주 가벼운 꿈틀거림으로 생명을 주고 물에 빠져 날아오르려고 하는 살아있는 곤충처럼 맥동(脈動)을 치게 해야 한다.

덴카라 플라이의 매우 다재다능한 모델은 유명한 사카사 게바리라고 부르는 것이 있다.

다른 것들과 구별되는 특징은 전방을 향한 해클이다. 사카사 게바리는 리버스 해클이며 덴카라 플라이라고도 한다. 원래 송어와 연어를 잡기위해 계류에서 사용되도록 만들어 졌다.

전통적인 플라이와 또 다른 차이점은 전통 플라이는 실제 곤충을 모방하려고하는 반면, 사카사 게바리는 더 매력적이고 더 인상적인 플라이이며, 실제 곤충의 모양을 갖지 않는 경향이 있는 순수한 환상의 플라이 이다.

그림에서 볼 수 있듯이 덴카라 플라이의 주요 특징은 전통적인 인공 제물에 비해 해클이 앞쪽을 향하고 있다. 그것을 물에 던지고 떠 올릴 때, 해클은 헤엄치

사카사 게바리

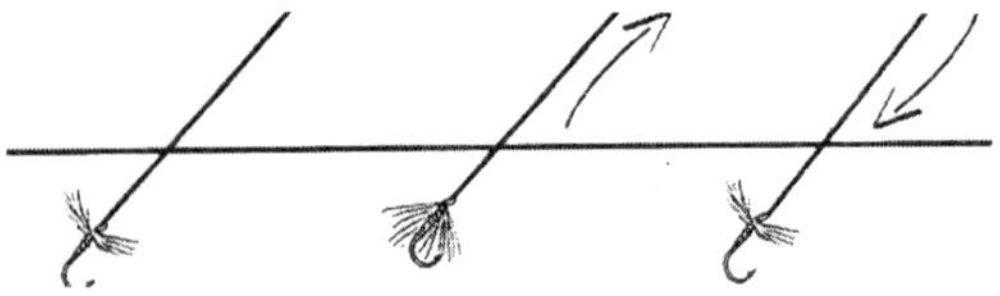

맥동 운동

는 곤충의 인상을 주는 맥동(脈動)을 한다. 이 맥동은 매우 매력적이며 물고기에게 위협을 주지 않는다.

이 모델은 수면에 부드럽게 놓아서 드라이 플라이로 매우 잘 사용할 수 있다. 몇 번의 캐스팅 후 플라이가 물을 흡수하고 수면 아래로 잠기면 수중 플라이로도 사용할 수 있다.

수중에서는 반대로 거칠게 놓으면 깃털은, 매우 매혹적인 플라이 모델을 만든다. 물에서 낚싯대로 아주 작은 트위치(twitch) 할 수 있을 때, 앞쪽으로 뒤덮인 깃털은 멋진 움직임을 만들어 물고기의 눈에 매우 잘 띄게 된다.

필수 덴카라 플라이 패턴

회색 사카사 게바리(Grey Sakasa kebari)

- 훅 : #14 또는 # 12 미늘이 없는 훅.
- 실 : 회색.
- 해클 : 회색/흰색 그리즐 헨, 역 묶음.
- 몸통 : 회색 산토끼의 털 더빙.
- 늑골 : 흰색 6/0 실.

로얄 코치맨 사카사 게바리(Royal Coachman S k)

- 훅 : #14 또는 #12 미늘이 없는 훅.
- 실 : 붉은색.

- 해클 : 중간 붉은색 헨(hen), 역 묶음.
- 몸통 : 중앙에 붉은 실크와 피콕 헐

이시가키 게바리(Ishigaki kebari)

- 훅 : #14 또는 #12 미늘이 없는 훅.
- 실 : 검은색.
- 해클 : 올리브색 염색한 그리즐리 헨 역 묶음.
- 몸통 : 검은색 실크, 가슴까지 테이퍼.

금색-늑골 헤어즈 이어(Gold-Ribbed Hare' s Ear)

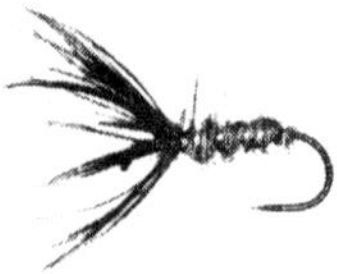

- 훅 : #14 또는 #12 미늘이 없는 훅.
- 실 : 베이지색.
- 해클 : 암꿩 등 또는 파트리지(partridge) 등, 역 묶음.
- 몸통 : 천연 산토끼의 털.

| 게바리의 크기 비교

작은 경우 〈〈〈 #12 검은 게바리	〈〈〈 큰 경우
밝은 햇살	흐리고 따뜻함
낮은 흐름(간조)	높은 흐름(만조)
잔잔한 물결	격동의 물결
순풍에 돛 달듯 말 듯 높은 어류 말도	낚시 공세에 의한 낮은 어류 밀도
낚시 공세는 높다 (케치 & 릴리즈)	낚시 공세는 낮다 예 급하게 먹기
장소와 계절의 평균보다 더 덥거나 추운 날씨	큰 먹이 메뉴 (어류 또는 큰 무척추동물)
보통 적은 해치	더 많은 해치
장소의 평균 상태 보다 맑은 물	무게가 없는 게바리로 강한 물에서 깊은 수심
드문드문 / 해치 지만 적극적 입질	드문드문 / 해치 지만 소극적 입질

다양한 종류의 플라이들

텐카라에서 게바리는 그 구조는 매우 간단하다. 그러나 더욱 다듬어 사용할 수 있는 다른 종류의 플라이를 소개하고 싶다. 물론 환경을 관찰하고 낚시터에 서식하는 곤충과 가장 유사한 모델을 플라이 박스에서 뽑는 것을 잊지 말자.

예를 들어, 드라이 플라이로 낚시하기로 결정하고, 그 곳의 물이 상당히 거친 것을 알게 된다면 털이 몸 전체를 덮는 것이 더 좋을 때는 해클이 풍성한 플라이를 사용하는 것이 좋다.

이 유형의 플라이는 팔머(palmer,송충이)라고 부르며 부력이 좋고 색상 대비가 있는 화려한 색상 덕분에 가장 빠른 흐름에서 표류하는 동안 좋은 시야를 확보하여

팔머 플라이(palmer fly)

물고기가 입질할 때 즉시 챌 수 있다. #10, #12, #14번 훅에 묶을 수 있다.

훅 헤드에는 흰색 해클을 사용하여 총1/3을 사용하고 나머지 2/3에는 검은색과 빨간색 해클을 사용하는 것이 좋다.

고요하거나 잔잔한 수면에 곤충들이 날아다니는 것을 본다면, 게바리 또는 캐디스플라이 모조품을 안전하게 사용할 수 있다. 캐디스플라이 모조품을 세지(Sedge)라고 한다. 하나는 밝고 하나는 어두운 두 가지 유형의 세지를 가지고 다니는 것이 좋다.

물론, 일시적이지만 가장 많이 사용되는 것은 레드 스피너(Red Spinner), 마치 브라운(March Brown), 페전트 테일(Pheasant Tail), 블루 던(Blue Dun) 및 텁(Tups)이다.

이 모델은 전체 낚시 시즌에 충분하다. 모양은 거의 대등하며, 주로 변경되는 것은 해클의 색상과 몸체의 구성에 사용되는 실이다.

엘크 헤어 캐디스

세지(Sedge)

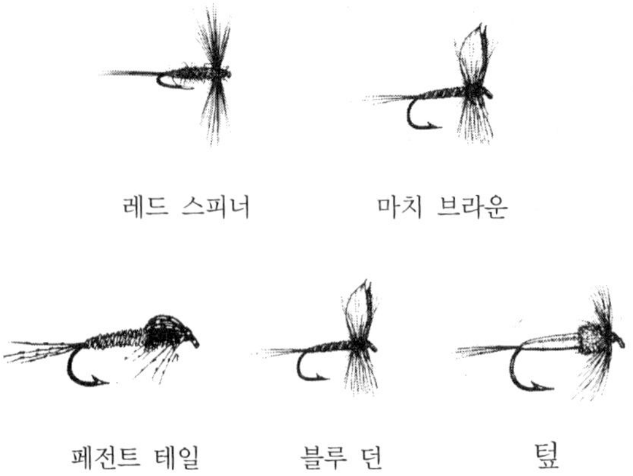

일시적인 플라이

시간이 지남에 따라 경험을 통해 새로운 플라이 패턴을 만들고 상상력을 자유롭게 발휘하며 새로운 색상과 모양을 실험할 수 있다.

앞서 보았듯이 게바리는 매우 매혹적인 환상의 플라이이며 가능한 모든 변형은 맞을 수 있지만 항상 날아다니는 곤충의 색상에 주의를 기울이는 것을 잊지 말자.

게바리 또는 직접 만든 플라이가 자연 곤충과 같은 색이면 잡는 데 유리할 것이다.

관찰력 훈련을 멈추지 말자.

캐스트

텐카라 낚시는 근거리 낚시다. 캐스트와 캐치는 20 ft(6 m) 이내에서 이루어진다. 동해안 해변에서는 전혀 쓸모가 없는 캐스트지만 작은 계류에서 하루 종일 산천어나 갈견이를 잡기에 충분하다.

11 ft(3.3 m) 낚싯대, 11 ft(3,3 m) 라인, 5 ft(1.5 m) 티핏으로 신장 1.73 m의 낚시꾼은 라인과 낚싯대 사이의 각도가 90°되도록 캐스팅하면 플라이는 6.6 m 거리에 있다. 캐스팅 거리는 낚시꾼이 서 있거나 물고기에 보이지 않기 위해 웅크리게 되므로 달라진다.

고요하거나 잔잔한 수면에 곤충들이 날아다니는 것

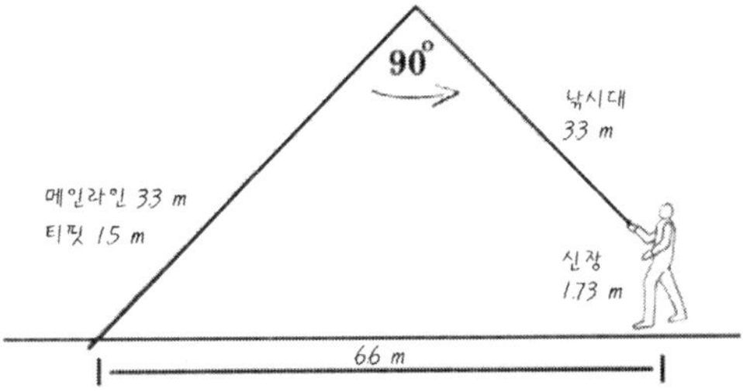

캐스팅 거리

을 본다면, 게바리 또는 캐디스플라이 모조품을 안전하게 사용할 수 있다.

송어나 산천어를 잡을 수 있을 거리에 던질 것이지만 그래도 플라이를 낚싯대 끝 바로 아래에 떨어뜨리고 싶지는 않다.

텐카라 채비를 최대한 멀리 던질 수 있는 좋은 방법을 여기에서 설명하겠지만 기본적인 절차는 간단하다.

라인을 뒤로 튕겨서 움직이게 한 다음 앞으로 튕겨서 플라이를 물고기가 찾을 가능성이 있는 장소에 떨어지도록 한다.

텐카라 낚시를 플라이 낚시와 비유해 설명하면 좋을 것 같다.

일반 플라이 캐스팅은 주로 팔꿈치와 어깨에서 이루어지며 손목은 대부분 똑바로 유지된다.

텐카라 낚싯대는 주로 팔뚝과 손목을 사용한다. 2,5온스(70 g) 낚싯대와 무게가 거의 없는 라인, 티핏, 플라이를 사용하면 레버작용은 그다지 필요하지 않다.

망치처럼 낚싯대 손잡이를 잡는 대신 집게손가락을 지휘자의 지휘봉처럼 그립 위에 올려놓는다. 그것은 제어를 제공하고 특히 후방캐스트에서 너무 멀리 튕기는 것을 방지하는 데 도움이 된다.

플라이 낚시는 가상의 시계문자반 10과 1사이를 캐스팅하도록 한다. 덴카라 낚시의 팔은 불과 몇 인치만 움직이고 캐스트는 10에서 11에 가깝다. 이것은 일부 덴카라 낚싯대가 더 길기 때문이다. 손으로 몇 인치 이동하면 낚싯대 끝은 몇 피드 이동한다.

플라이 캐스터는 종종 30 ft(9 m)나 40 ft(12 m)의 캐스팅 라인과 9 ft(2.7 m)의 리더 및 티핏을 캐스팅한다.

보통 덴카라 라인과 티핏의 길이는 12~18 ft(3,6~5.4 m)이며 해당 길이를 이동시키기 위해 낚싯대 끝을 아주 멀리 이동할 필요는 없다.

일반적으로 플라이 낚싯대는 엄지손가락을 손잡이의 위에 두고 잡는다, 덴카라 낚싯대는 집게손가락을 손잡이 위로 잡는다. 이 방법은 근거리에 정확도가 높다.

일반 플라이 낚시는 라인을 물과 평행하게 던지고

엄지손가락 위에 두기

집게손가락 위에 두기

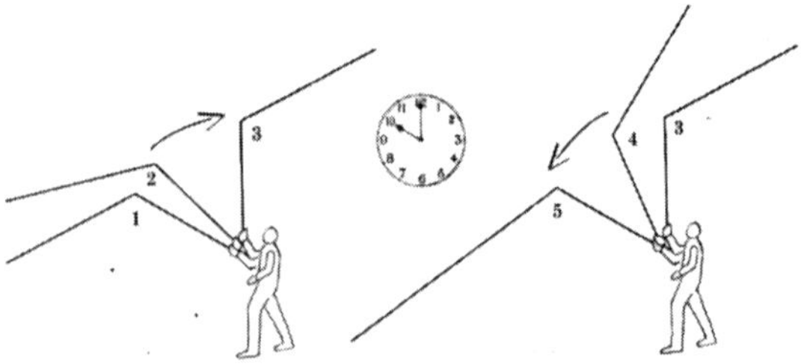

기본 캐스트의 원리

캐스트의 끝에서 수면에 라인을 놓는다.

대부분의 덴카라 캐스트에서 라인은 물에 대해 45°로 이동한다. 후방캐스트는 뒤에 있는 것이 아니라 뒤와 위에 있다. 전방캐스트에서 손이 멈추고 라인이 수면까지 펼쳐진다.

이상적으로 플라이와 티핏이 물에 닿지만 캐스팅 라인은 결코 물에 닿지 않는다.

- 1 → 2) 10시점에서 시작하여, 캐스팅 팔은 낚싯대와 라인을 어깨 위 뒤로....
- 2 → 3) 12시점까지 부드럽게 튕겨 라인이 곧게 펴지도록 잠시 멈춘다.

참고 낚싯대는 백스윙에서 발생하는 관성으로 자연스럽게 12시점에서 거의 1시점까지 굽을 수 있다.

• 4 → 5) 리턴 캐스트는 똑같이 앞으로 부드럽게 튕겨서 10시점에 멈춘다.

정말 간단하고, 천천히, 앞뒤로 유동적인 움직임이다. 캐스트를 실행하는데 몇 초 밖에 걸리지 않는다. 약간의 연습이 필요하지만 실제로 낚시를 하는 동안 배울 수 있고 완벽할 수 있다.

덴카라의 가장 좋은 제어자세는 팔꿈치를 옆구리에 바짝 붙인다. 이것은 거의 모든 캐스팅과 플라이 조작에 적용된다.

팔을 뻗는 순간 더 이상 낚싯줄을 드리우거나 플라이를 제어하지 못한다.

캐스트를 하고나면 낚싯대와 라인이 삼각형을 만든다. 바닥은 물의 표면이고 한쪽은 상향각도의 낚싯대이고 다른 쪽은 라인의 하향각도이다.

이것은 2가지 뚜렷한 이점을 제공한다.

라인이 물에서 떨어져 있기 때문에 낚시꾼이 서있는 곳과 플라이가 있는 곳 사이의 물살에 의해 잡아당기는 드랙의 영향이 거의 없다는 것이다. 플라이 낚시꾼은 드랙을 피하기 위해 많은 시간과 노력을 들인다.

페인트 튕기기

또 다른 이점은 플라이와 매우 긴밀한 연락을 할 수 있다는 것이다. 움직임을 쉽게 제어할 수 있으며 물고기가 입질하면 즉시 보거나 느낄 수 있다.

이전에 플라이 낚싯대를 캐스트하지 않았다면 낚싯대를 굽히는 방법에 대해 조금 알아야 한다. 지휘봉처럼 손잡이를 잡는 것에 대해 말했지만, 사실은 지휘자 지휘봉을 흔드는 것처럼 낚싯대를 흔들지 않는다는 것이다. 그것을 구부릴 수 있는 방식으로 스마트한 스냅(snap)과 뒤이어 단호한 정지를 해야 한다.

플라이 낚시 입문자에게 흔히 가르치는 유용한 비유는 페인트를 가득 머금은 붓을 들고 캔버스에 페인트를 던지고 싶다고 상상해 보자.

똑같이 스마트한 스냅과 뒤이은 단호한 정지가 텐카라 낚시에서도 추종된다. 붓의 강모를 생각해 보면, 손잡이를 앞으로 밀면 강모도 함께 밀린다. 강모의 바닥은 손과 같이 움직이지만 끝은 여전히 따라가지 않고 뒤쪽으로 구부려져 있다. 완전히 멈추면 강모가 마침내 따라잡기 시작하여 앞으로 휙 페인트를 날린다.

캐스트를 멈추면 낚싯대 끝이 따라잡아 앞으로 휙 라인을 던진다. 낚싯대의 이러한 구부러짐이 라인을 추진하는 것이다. 이것은 플라이 낚시와 텐카라 낚시에서도 동일하게 적용된다.

텐카라 낚싯대는 빳빳하지만 쉽게 휘어지며 그 휘어짐은 필요한 곳으로 라인을 던지는 에너지를 제공한다.

일반 낚시에서 낚싯대를 사용하여 원하는 곳에 미끼나 루어를 던지지만, 플라이 낚시에서는 거의 무중력인 인공 플라이는 너무 가볍다. 그래서 대신에 라인을 던진다.

라인을 던지려면 라인을 후방캐스트해서 움직이게 하고, 플라이를 날리기 위해 반대로 캐스트 해야 한다. 후방캐스트는 전방캐스트와 정확히 같은 양의 힘으로 실행해야 한다. 후방캐스트는 전방캐스트를 위한 것이 아니며 반대 방향에서 같다.

이것은 텐카라 낚시에서는 매우 짧은 라인을 사용하기 때문에 일반 플라이 낚시보다 훨씬 더 쉽다. 텐카라 낚시의 대부분은 레벨 라인으로 이루어지며 등 뒤에서 바람이 부는 때, 벨기안 캐스트가 이상적이다.

둑에는 항상 존재하는 나무나 풀의 장애를 피할 수 있으며, 뒤에 키 큰 풀이 있다면 후방캐스트가 훨씬 위에 있을 것이다.

벨기안 캐스트

캐스팅을 하지 않는 손은 호주머니에 넣거나 지팡이를 짚을 수 있다. 목표를 향해 오픈 스탠스로 서서, 후방캐스트는 낚싯대를 수직에 35°로 전방캐스트는 10°로 기울인다.

이 캐스트에서 라인은 후방캐스트에는 사이드암으로 당겨지지만 전방캐스트에서는 오버헤드로 제시한다. 실제로 캐스트 평면을 변경하고 있다.

후방캐스트에서 사이드암 이동으로 평면을 조정하면 뒤바람 아래로 라인을 이동할 수 있다.

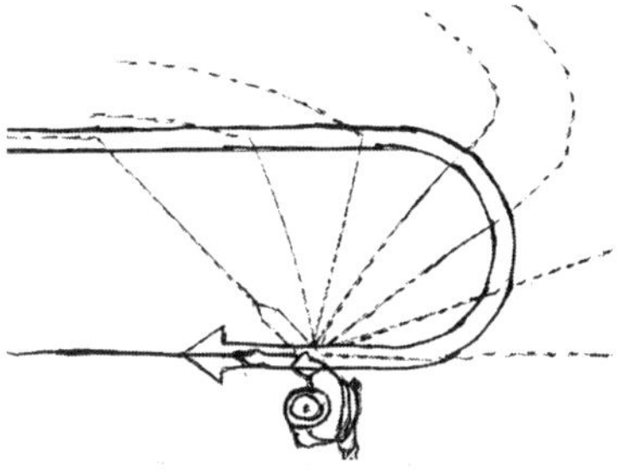

벨기안 캐스트(Belgian Cast)

그런 다음 오버헤드 캐스트처럼 전방캐스트를 한다. 후방캐스트는 낮게 하여 낚싯대 끝 아래에 루프가 형성되지만 물에 닿지 않는 상태로 유지한다. 긴 캐스트의 경우에 낚싯대는 후방캐스트에서 더 뒤로 밀릴 수 있다.

위 그림에서 보면, 후방캐스트는 사이드암으로 이루어지지만 전방캐스트는 오버헤드에 가깝고, 캐스트 중간에 평면이 바뀌고 있다.

목표물에 프레젠테이션은 업스트림(upstream), 다운스트림(downstream), 어크로스)(across), 업 앤 어크로스(up and across), 다운 앤 어크로스(down and across)를 할 수 있다.

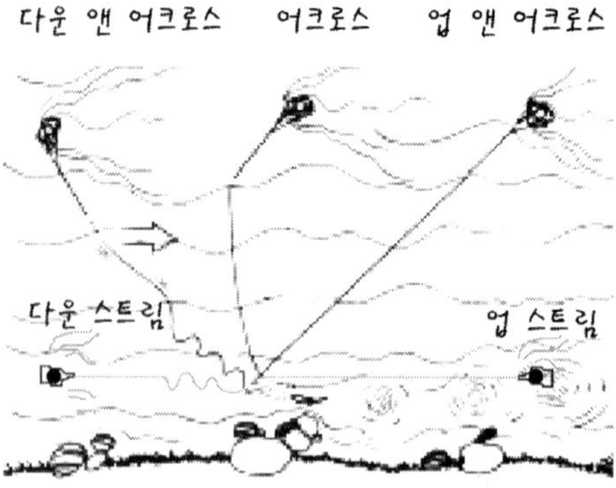

목표물을 향한 프레젠테이션

다운스트림 캐스팅

위 그림은 A 지점에서 개울에 들어가 다운 앤 어크로스로 1, 2에 캐스팅을 시작하여 4에 캐스팅한 후 하류로 두 걸음 옮겨 걸어갈 수 있고, B, C, D에서 반복한다.

아래 그림에서 플라이를 적당한 깊이로 가라앉히려면 45° 업 앤 어크로스(A)를 한다. 여기서 업 앤 어크로스는 어크로스(B), 다운 앤 어크로스(C)보다 더 깊게 가라앉음을 볼 수 있다. 대부분의 개울에서 물고기는 바닥근처에 있는 경향이 있다.

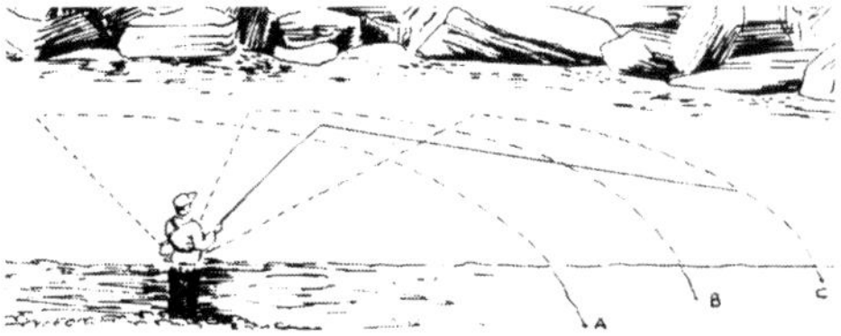

가라앉는 깊이 비교

회수(Retrieve)

프레젠테이션이 부드러운 착수였다면, 의심에 찬 물고기가 물도록 자극하는 방식으로 플라이를 어떻게 회수할 것인가?

텐카라는 짧은 라인, 긴대와 매우 미세한 끝을 가지고 있어서 플라이낚시보다 회수작업을 훨씬 더 잘 조종할 수 있다. 이 조종은 아주 작게 플라이를 움직일 수 있게 한다. 이것이 물고기를 유혹하는 비결일 수 있다,

전통적인 사카사 게바리의 역 해클은 끝이 유혹적인 너울거림으로 맥동 운동을 한다. 목표물 상류에 캐스트해서 플라이가 가라앉을 시간을 준 다음, 수심 15 cm에서 회수를 시작하면서 3~4번 맥동을 플라이로 보낸다. 그런 다음 다시 캐스팅 한다. 이것이 전통적인 텐카라 회수이다.

낚싯대 끝은 아주 조금만 트윅(tweak)이나 트위치하면 된다. 여울물에 매우 효과적이며 이 회수와 캐스트는 더 빠른 흐름을 테스트하는 재미있는 방법이다. 그러나 더 부드러운 착수와 미묘한 움직임이 더 일반적인 스틸

워터(still water)에도 놀랍도록 효과적이다. 스틸 워터에서 드라이 플라이를 다양하게 트위치하면 때때로 근처 물고기의 주의를 끌 수 있어 입질을 자극할 수도 있다. 가끔 수면을 가로지르는 드라이 플라이도 꺼려하는 물고기를 유인한다.

웨트 플라이나 님프와 함께 긴 런(Run) 낚시는 매우 재미있을 수 있다. 플라이를 상류로 던져서 가능한 한 많은 라인을 물에서 벗어나게 하여 런을 통과시키면서 라인을 지켜본다,

활동적인 낚시꾼이라면 다양한 회수를 좋아할 것이다. 직감을 믿고 창의력을 발휘하면 때때로 설명하기 어려운 입질을 야기할 수 있다.

회수 (느린 템포㊧ 및 빠른 템포㊨)

드랙(Drag)이란?

수면 혹은 수중의 플라이가 몇 가지 요인으로 부자연스런 표류를 보이는 것이다.

가장 일반적인 드랙의 상황은 플라이 라인이 물 흐름을 타고 흘러내려 플라이 라인보다는 완만한 수면에 있는 플라이를 당겨 내리는 현상이다.

반대로 플라이 라인은 완만한 수면에 있으면서 플라이가 빠른 물살에 있을 때도 드랙이 발생한다. 빨리 흘러내리는 플라이는 완만하게 흐르는 플라이 라인에 의해 잡혀있기 때문이다.

또한 드랙은 채비가 언발란스에서도 올 수 있다. 예컨대, #18의 가볍고 성긴 드라이 플라이를 4X 정도의 두툼한 티핏에 매었다면 풀(pool)이나 완만한 런(Run)에서 플라이에 부자연스러운 흐름이 나타난다. 이러한 모든 드랙 상황을 극복하기 위해서는 채비를 섬세하게 해주고 물 흐름을 정확히 읽어서 슬랙 리더 캐스트(slack leader cast), 리치 캐스트(reach cast), 턱 캐스트(tuck cast)와 같은 여러 응용 캐스팅을 통해 드랙을 감소시키려는 노력이 필요하다.

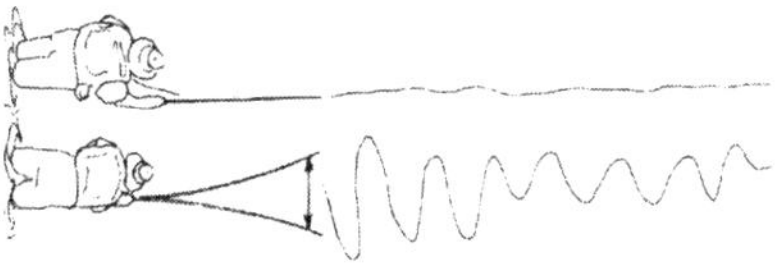

슬랙 리더 캐스트(Slack Leader Cast)

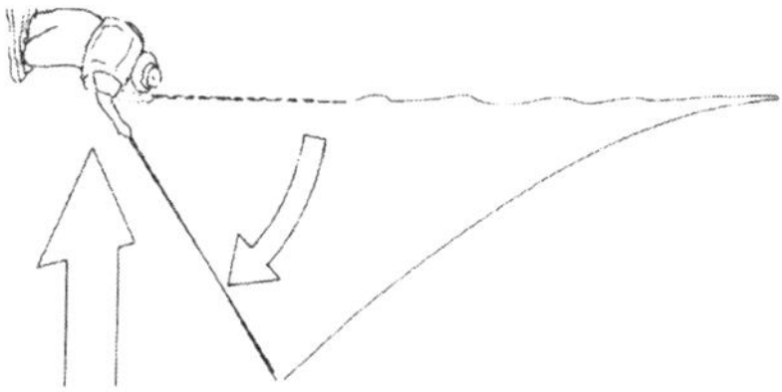

리치 캐스트(Reach Cast)

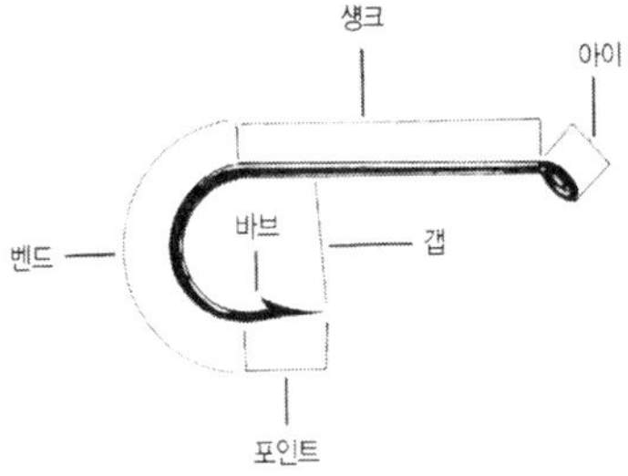

훅의 각부 명칭

물 흐름 읽기

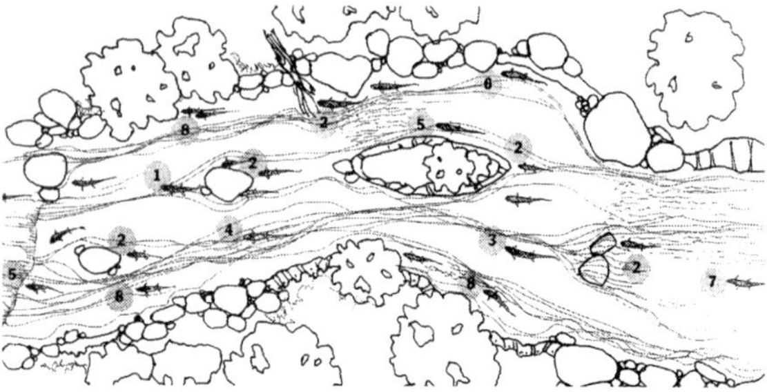

송어는 거친 흐름에서 쉽게 먹을 수 있는 취식지역의 시임(seam)을 이용한다. 적극적인 흔적이 없다면 그냥 집에 가야한다는 의미는 아니다.

경험상 80~90%는 수면 아래에서 취식한다.

드라이 플라이 낚시는 재미있고 예술적이지만, 수면 아래의 웨트 낚시도 예술적이다.

대부분의 송어는 느린 물에 머물고 음식을 찾아 더 빠른 물속으로 옮겨 다니고 더 느린 물로 되돌아온다. 이 자리를 찾는 것이 기술이다.

(1) 큰 바윗돌 앞 : 흐름은 바위주위로 돌기 직전에 속도가 느려지거나 주저하며 끊어진다.

이곳에서 물고기를 잡을 수 있다면 개울에서 가장 크고 강하다.

(2) 바위 뒤 : 가장 큰 물고기가 취식통로의 머리에 있고, 그 통로를 책임지고 있다.

먼저 그 놈을 노리지 말고, 뒤에서부터 하나씩 작은 것들을 선택한다. 옥석, 섬, 구조물 등도 동일한 시나리오가 작동된다.

(3) 취식 통로 : 두 물줄기가 합쳐지면 충돌하고, 충돌로 인해 흐름이 느려지므로 거품이나 거품선이 보통 수면에 형성된다. 송어는 물속에서 이 좁은 경계를 찾아 들어간다. 이곳을 시임(seam)이라고 한다.

(4) 개울의 바닥이나 가까이 : 때때로 물고기가 휴식을 취하고, 좋아하는 음식을 기다릴 수 있다, 바닥에서의 흐름은 훨씬 더 천천히 움직이기 때문에 모두 슬로 모션으로 이루어진다,

(5) 여울이 풀(pool), 플랫(flat)로 떨어지는 곳 : 빠른 물은 여울로 음식을 이동시켜 아래의 느린 물에 떨어뜨린다. 물고기는 거기서 기다린다. 또 낭떠러지나 바위 턱 가장자리 뒤에서도 기다린다.

(6) 개울의 굴곡의 안과 밖의 둑 밑 : 특히 둑의 언더컷(undercut)에서 기다린다.

(7) 여울이 격렬하지 않고 느린 구역 : 여울 속이나 옆의 부드러운 표면 또는 평평한 부분이다. 이곳은 낚시꾼들이 걸어서 건너가기 좋은 곳이다. 여울의 빠른 부분보다 느리기 때문에 종종 물고기는 그곳 중간에 서있다.

(8) 시임(seam)에서 낚시한다, 시임은 빠른 물과 느린 물이 만나거나 나란히 달리는 곳이다,

흐름의 측면 그림에서 표면흐름은 최고흐름보다 1/3 느리다.(왼쪽) 위에서 보았을 때 바위는 거의 움직이지 않는 물로 둘러싸여 있어 물고기가 먹이를 먹으면서 휴식을 취할 수 있다.(오른쪽)

같은 바위를 옆에서 보면, 상류를 바라보며 물이 먹

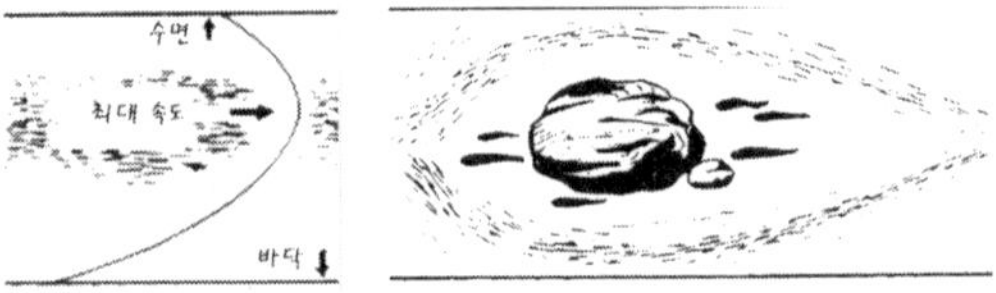

흐름과 완충지대

이를 가져다주기를 기다리며 10 중 8~9마리는 바닥의 움직이지 않는 물에서 먹이를 먹는다.

대어를 원한다면 플라이를 넣어야 할 곳이다.

송어는 느린 물에 머무르고, 더 빠른 물에 먹이를 먹고, 느린 물로 돌아간다.

모든 송어는 1/4~1/2 fps의 흐르는 물에 머무르는 것을 좋아한다. 왜야하면 불필요하게 칼로리를 소모하지 않기 때문이다. 물에서 먹이를 먹는 송어는 초당 2피트 속도 즉 2 fps로 흐르는 수중에서 취식을 선호한다. 이들은 물고기가 먹이를 먹는 분명한 장소이지만 얕은 여울, 깊은 런(Run), 커다란 풀(Pool) 및 완만한 플랫

취식과 휴식 장소

(flat)과 같이 더 많은 것들이 있다.

흰 물은 빠른 물을 의미하지 않는다. 그것은 에너지 소산을 의미한다. 매끄러운 곳에서는 2배나 빠르며 건너는 것은 위험하다.

돌, 거친 자갈, 자갈, 모래 또는 미사 같은 바닥 퇴적물의 크기와 무게는 빠른 속도에서 느린 흐름으로 흐름 속도를 나타낸다.

물고기는 개울의 최상층이나 바닥에서 먹이를 먹는다. 중간에서 먹는 물고기는 거의 없다. "물의 꼭대기를 읽으면 물 아래에서 무슨 일이 일어나는지 알게 될 것이다." 라는 일반적 믿음에도 불구하고, 계류의 표면은 바닥에서 일어나는 일을 거의 나타내지 않는다.

매끄러운 흐름의 최대속도는 둑에서 3/8, 표면에서 1/5 정도에서 이루어진다.

드라이 플라이 낚시

드라이 플라이는 수면에 떠있는 곤충을 닮은 섬세한 플라이다. 뻣뻣한 깃털로 훅 생크의 주위를 단단히 감아서 만들어 진다.

드라이 플라이 낚시는 모든 활동이 수면에서 이루어지기 때문에 가장 시각적이다. 따라서 드라이 플라이 낚시는 초보자에게 플라이 낚시를 소개하기 위한 이상적인 기법이다.

강이나 저수지, 그리고 계류의 둑을 따라 천천히 걸으며 메이플라이, 캐디스플라이 또는 미지에게 상승하는 물고기의 주둥이가 수면을 뚫는 작고 둥근 표징을 지켜보는 것이다.

곤충에게 상승하는 물고기를 발견할 수 없다면 참을성 있게 물가에 앉아서 기다린다.

이렇게 하다보면 물고기가 안정을 갖고 머무는 조용한 포켓(Pocket), 느린 런(Run)을 찾아낸다.

그리고 물가를 따라 안정된 지점을 찾아 앉아서, 수면을 뚫는 등지느러미나 물고기의 꼬리나 주둥이의 미묘한 표징을 지켜본다.

그 다음에 무슨 단서를 발견하려고 수사관처럼 오래된 경험으로 되돌아간다. 탈피하는 미지나 매이플라이가 있는지, 물고기가 수면에서 무엇을 먹는지 알아내어. 모조품에 매듭짓고 낚시를 시작한다. 엉덩이를 제방에 붙여 미끄러지거나 무릎으로 걸어서 가능한 한 상승하는 물고기에게 가까이 가는 것보다 더 긴장되는 시간은 없다.

만약 상승하는 물고기를 보지 못했다면, 아주 화려한 어트랙터(Attractor) 패턴을 잡아맬지도 모르지만, 특히 아무것도 모방하지 않은 플라이는 단지 상승을 부추길 것이다. 어트랙터 패턴은 물고기를 오게 하고 그것을 취하지 않고 바라보게 한다. 그 다음에 물고기가 보기에 익숙한 곤충을 모방한 개미, 딱정벌레, 또는 그 당시 활동적이었을 메이플라이 같은 것을 잡아맨다.

보통 상승하는 물고기를 본다면, 하류에서 접근해

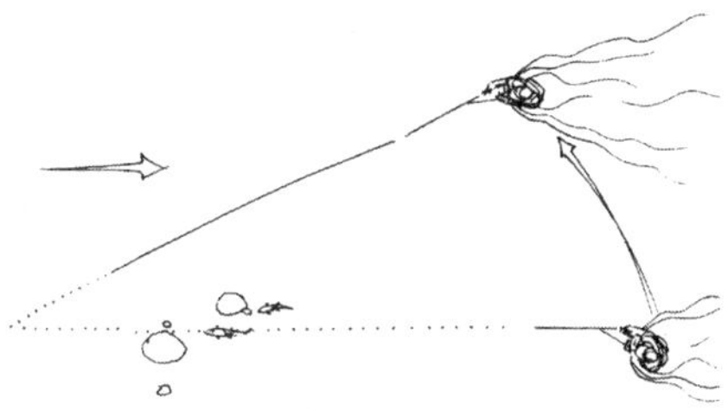

물고기의 하류에서 상류로 접근

서 똑바로 상류로 낚시한다. 그것은 항상 물고기를 놀라게 할 실루엣을 보여주지 않기 위해서 물에 들어가 걷지 않고 둑에서 낮게 머무는 것이 최선이다.

물에 들어가 걸어야 한다면, 하류에서 접근해야 부스러기와 웨딩 파도와 당신의 접근 신호를 보내지 않는다. 상승하는 물고기와 15 ft(4.5 m) 이내에 접근하십시오.

짧고 느스러진 리더를 정확한 캐스트로 상승하는 물고기의 상류 2 ft(60 cm) 정도에 플라이를 프레젠테이션 한다.

라인이 뜨기 시작하면 낚싯대를 9시 위치에서 12시 위치로 서서히 올려 플라이가 상승하는 물고기에 접근하도록 하면, 흐름에 따라온 느스러진 라인은 집어 올려 진다. 이렇게 하면 플라이는 자연스럽게 떠있게 되며 흐름에서 라인의 하류 장력에 의해 끌리지 않는다. 또한 플라이와 계속 연락할 수 있으므로 물고기가 플라이를 취할 때 느즈러진 라인을 집어 들지 않아도 훅에 걸려들 수 있다.

만약 물고기가 플라이를 취하지 않는다면 플라이가 1~2 ft(30~60 cm) 지나도록 나두고 다시 캐스트를 하자.

만약 상승하는 물고기가 없을 때는 상류로 천천히 조심스럽게 물속을 걸으며 가능성 있어 보이는 모든 지역에 플라이를 프레젠테이션 한다.

상류 접근을 방해하는 잡초 무리, 돌멩이 같은 장애물 근처에 물고기가 상승하는 경우가 많다.

그 경우에는 아래 위에서 상승하는 물고기까지 조심스럽게 걸어간다.

상류에서 웨딩 한다면 웨딩 파도나 찌꺼기를 보내서 물고기가 놀라지 않게 조심한다.

기능한 한 물고기에 가까이 보자. 되도록이면 20 ft(6 m) 이내로 가서 느즈러진 리더 프레젠테이션을 하류로 캐스트 또는 가로질러 캐스트 한다. 상승하는 물고기로 플라이가 표류한 만큼 드랙을 지연하려면 1~2번 뒤집는 멘딩(mending)을 해야 한다. 그리고 수면에 스치듯 끄는 플라이 스키터링(skittering)은 피한다.

목표는 가능한 한 자연스럽게 플라이를 제시하는 것이다. 상류로 접근을 좋아하지만, 어떻든 간에 상승하는 물고기에게로 가까이 간다.

라인 드랙은 당신의 적이다.

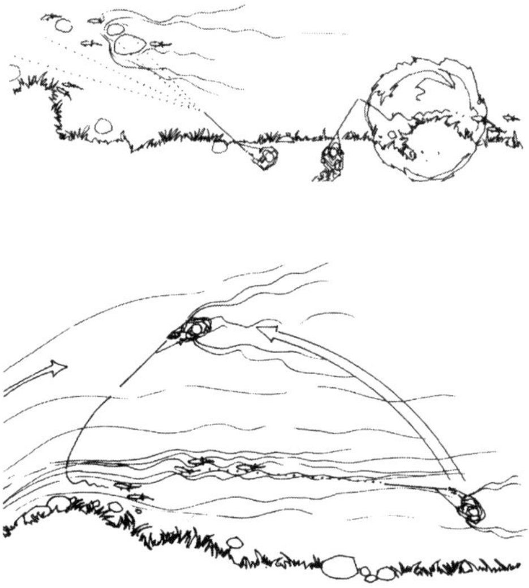

위 : 둑에서 업스트림㊧과 다운스트림㊨

아래 : 업스트림㊨에서 ⇒ 다운스트림㊧

그래서 드랙을 지연시키고 플라이와 연락하는 데 도

움이 되는 상승하는 물고기에 가까이 다가간다.

특히 위 그림에서 다운스트림을 하는 경우에 볼 수 있는 정확히 짧고 느즈러진 캐스트를 하는 이유는 플라이에 드랙을 지연하기 때문이다.

이 캐스트를 성취하는 몇 가지 방법이 있지만, 덴카라와 표준 플라이 낚시 장비로 하는 2가지를 알아본다.

첫째 방법으로써, 표적을 선택하고, 릴이 장착된 표준 낚싯대로 낚시한다면, 라인을 잡는 손에 약간의 여분 라인을 휴대한다.

덴카라 낚시를 한다면, 장대의 끝에 매달려 느즈러진 라인의 양은 짧게 한다, 덴카라로는, 보통 즉각적인 드랙을 초래할 정도로 팽팽하게 착수하는 전체 라인과 리더 캐스팅은 하지 못한다. 흐름 속도와 드랙을 고려해서 플라이가 착수하는 자리를 추정한다.

전방캐스트로 원하는 자리에 플라이 착수를 목표로 한다. 덴카라로써 던지는 여분 라인이 착수해서 충분히 느슨한지 확인하고 표적 물고기로 자연스럽게 표류하게 플라이에 시간을 준다.

릴이 장착된 표준 낚싯대로는 라인을 잡은 손에 여분 라인을 휴대하고 낚시한다면, 전방캐스트의 끝 근처에 낚싯대 끝을 멈추는 동시에 드랙 지연은 충분히 느즈러진 라인으로써 플라이가 표적에 도달할 수 있게 라인을 잡은 왼손으로 여분 라인을 놓아 준다. 이 방법은 약간의 경험으로 자연스럽게 될 것이다.

둘째 방법으로, 첫째와 마찬가지로 동일한 두 단계를 따른다. 첫 단계에서, 그 자리를 목표로 하지만, 이때에는 전방캐스트를 완수하고 플라이는 표적을 넘겨 던질 수 있다. 둘째는 라인이 곧은 채로 낚싯대 끝이 멈춘 반동으로 라인은 물에 연속하여 SSS-커브를 만든다.

보통 한개 드라이 플라이로 낚시하지만, 때때로 두 번째로 드로퍼를 맨다. 이것은 물고기가 무엇을 먹는지 결정할 수 없을 때에 발생한다.

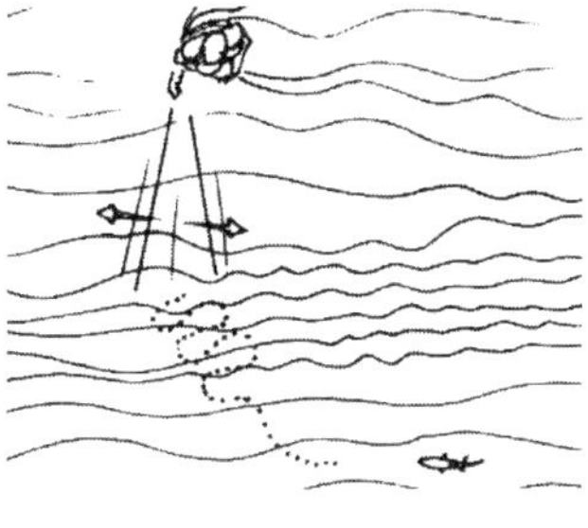

SSS - 커브

메이플라이, 캐디스, 또는 미지가 우화하는 동안, 몇

번 상승하는 물고기를 발견하고 물고기가 먹고 있는 곤충의 어떤 단계를 속히 결정한다.

예를 들면 던과 이머저를 묶는다. 이것을 위해, 리더-티핏 연결 매듭의 위 꼬리는 잘라내고 아래 꼬리는 15~20 cm남겨 이곳에 플라이 하나를 묶고 티핏 끝에 다른 것을 묶는다. 리더-티핏 연결 매듭에서 포인트 플라이까지 거리는 40~60 cm이다.

외가닥이 엉키지 않도록 꼬리를 더 무겁게 한다. 2개 플라이로 제시하고 어떤 패턴이 가장 잘 작동하든 하나를 제거하고 한 개 플라이로 프레젠테이션을 진행한다.

2개 플라이로 낚시하는 것은 결과적으로 물고기 방생을 시도하는 때 그물망이나 손가락에 걸림과 엉킴이 더 많지만, 물고기가 먹는 것이 무엇인지 알아내려고 시도하는 때는 가치가 있다.

2개 플라이를 사용하는 또 다른 때는 상류 자리에서

2-드라이 플라이(드로퍼와 포인트 플라이)

웨딩은 물고기가 수면을 스치듯이 끌리거나 강의 수

면 바로 위를 맴도는 플라이를 먹는 때는 캐디스 탈피나 산란기간 동안이다.

아래 그림과 같이 줄 엉킴을 걱정할 필요가 없는 방식으로 드라이 캐디스 패턴에 가중한 캐디스 퓨퍼(caddis pupa)를 연결해서 질질 끌어준다.

이것은 가중된 포인트 플라이가 물의 표면장력을 깨고 드라이 플라이에 끌려 수면이나 위를 스치듯이 끌리는 것이 허용되지만. 그것은 제공하는 드라이 플라이를 먹으려고 물에서 뛰쳐나오는 대물 물고기를 지켜보는 재미이다.

패러슛 아담스(Parachute Adams)와 같은 표준 드라이 플라이를 선택해 덴카라 낚시를 하는 것이 좋다. 일반 플라이 이지만 다양한 곤충 실루엣을 나타낼 수 있다.

#14번 혹은 루어 낚시에 익숙하다면, 그렇게 작은

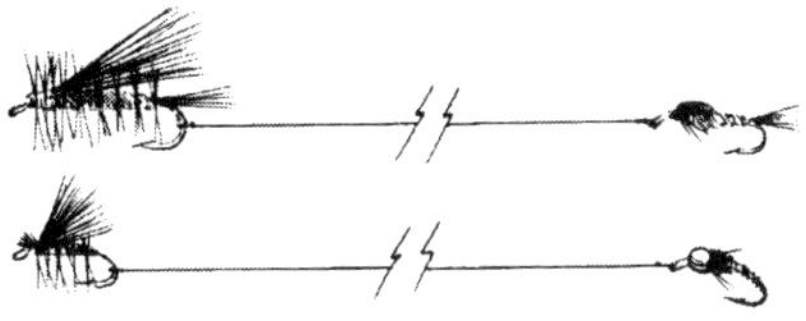

드라이 캐디스 플라이㊧와 캐디스 퓨퍼㊨

것을 사용하는 것에 대해 좀 쑥스럽지만 일반적으로

덴카라 낚시의 가장 큰 보상은 물고기를 놀라게 할 수 있는 물을 튀기는 위험 없이 이 작은 플라이를 프레젠테이션 할 수 있다.

신중하게 접근계획을 세워, 먼저 물고기가 어디에 있을지 결정하고. 둘째 끈기 있고 은밀하게 캐스팅할 가장 적합한 위치를 잡는다. 마지막으로 집중해서 캐스팅과 프레젠테이션을 실행한다.

드라이 플라이 낚시 기술과 지침

초보자와 전문가 두 낚시꾼은 플라이 낚시에서 가장 중요한 것은 올바른 플라이의 패턴이라고 했다. 그런데 덴카라 낚시에서 두 사람은 반드시 배워야 할 것은 프레젠테이션이었다.

일부 사람들은 적절한 프레젠테이션이 효과적인 플라이 낚시의 기초라고 동의하는 반면, 기본을 실제로 실천하는 사람은 거의 볼 수 없다.

대어에 접근하기 어렵기로 소문난 스프링 크릭(spring creek)의 어느 하루, 아주 느릿느릿이 기는 늙은이를 지켜보았는데, 물속을 걷지 않고 상승하는 물고기에 15~20 ft(4,5~6 m)이내를 유지하고 개울가를 기었다. 그는 드랙을 이기는 짧고, 느즈러진 라인을 정확하게 캐스트했다.

그리고 몇 마리 대어를 잡았다. 같은 날, 강력한 낚싯대와 16~18 ft(4.8~5.4 m) 캐스트로 장거리 프레젠테이션을 하는 낚시로 모든 물고기가 무서워하는 또 다른 낚시꾼을 지켜보았다. 그는 그날 한 마리조차 잡지 못했다.

수면으로 물고기를 데려오는 곤충이 없을 때 몇 가지 요령이 있다.

- 만약 곤충 탈피 동안 드라이플라이로 낚시를 원한다면, 탈피가 예상되는 때에 물에 있어라.
  바람, 물 상황뿐만 아니라 일기예보도 확인한다.
- 다른 낚시꾼들을 관찰하라, 그들이 혼잡을 피하려고 향하려는 방향을 찾는다.
- 캐디스, 메이플라이, 미지, 육생곤충 같은 곤충 활동이 있는지 관찰하라, 곤충이 없다면 송어가 인정할 곤충을 모방한 드라이 플라이를 고른다.
- 메이플라이, 캐디스플라이, 미지, 그리고 다른 수생과 육생곤충의 상승형태 차이를 인식한다.
- 송어들이 주변 곳곳에서 상승하고 있는 때, 무엇에 상승하는지 그물을 갖고 무슨 단서를 확인하기는 매우 어렵지만, 어쨌든 후릿그물은 송어들이 먹는 것을 당신에게 보여줄 것이다.

  – 강물은 무엇을 해야 할지 알려준다. –

- 웨딩과 캐스팅에 물보라가 조금도 뛰어오르지 않도

록 가능한 한 적게 물속을 걸으며, 낮은 자세를 취한다. 웨딩은 큰 송어들을 경계할지도 모를 상류 작은 물고기를 놀라게 한다.

웨딩은 또한 산란 둥지를 파괴시키고, 서식지를 뒤엎고, 수생곤충들을 죽인다.

- 가능한 한 상승하는 송어에 가까이 가라. 하류에서는 매우 가까이 갈 수 있다. 그것은 드랙을 물리치기 위해 혼합된 흐름을 가로질러 캐스팅 하는 것을 방지할 것이다. 몇 번 더 상승할때까지 기다리자. 그리고 어떤 곤충이 어떤 단계를 밟고 있는지 관찰한다. 만약 우화하지 않는 기간에 물을 탐색한다면 캐스팅 전에 홀딩 워터(holdng water)를 가까이 하라.
- 송어의 상승 리듬을 계산한다. 예를 들면, 송어는 4초 마다 먹는다면 4초 안에 송어 앞에 플라이를 두어라. 상승 간격과 같이 물고기와도 똑같은 거리 앞에 던진다.
- 만약 상류에서 간다면, 상승하는 물고기로 향할 수 있는 웨딩 파도나 부스러기를 보내지 않도록 한다.
- 물고기는 매우 좁은 급식통로에서 활동하기 때문에 짧고, 느스러진 캐스팅을 하라. 자연이나 플라이를

위해 멀리 움직이지 않을 것이고, 물보라에 의해 겁먹게 되거나 라인을 볼 물고기 위로 폴스 캐스트(false cast)는 하지 않는다.

- 상승하는 물고기에 가까이 접근하여 플라이를 지켜보아라. 종종 세운 지느러미와 나타낸 것을 면밀히 조사하면 외면하는 물고기를 볼 것이다.

  만약 그렇게 되면, 플라이의 표류에 많은 주의를 기울이려 플라이를 다시 제시하기 전에 송어가 상승할 수 있도록 1~2분간 송어를 쉬게 하는 것이 중요하다, 드랙은 반드시 피해야 한다.

  그것은 보통 물고기가 첫 캐스트에 플라이를 취하지 않는 이유이다.

- 만약 몇 마리 송어가 상승하고 있으면, 하나 골라서 그것에 정확한 제시를 집중하라. 상승하는 송어 사이에 분산 캐스트 하지 말자.

  그것은 분명히 그들을 겁먹게 할 것이다.

- 송어는 상승하고 저녁 빛이 간댕거려 플라이를 보기 힘들게 하는 때에, 짧은 캐스트와 송어와 비교하여 당신의 위치를 조정하라 그러면 그것의 상승과 플라이의 통로를 지킬 수 있다.

- 데드 드리프트, 트위칭, 하이 플로팅, 그리고 수면 아래로 드라이 플라이 트웍(tweak)을 시도 해야 하고, 때때로 그밖에 모든 것이 실패할 때 일부 송어를 유인할 것이다.
- 자연환경과의 부자연스러운 대조를 방지 하려면 흙색(중간 갈색~짙은 갈색) 의류를 입어라.
- 포기하지 않는다면 송어는 잠자고 있을지도 모른다. 그렇다. 송어도 잠을 잔다. 시도한 모든 플라이가 물고기를 이끌어오는데 실패와 우화도 없다면, 휴식을 취한다.

  그리고 나중에 돌아온다.

웨트 플라이 낚시

웨트 플라이는 수면 아래로 가라앉도록 설계되어 있다. 그 디자인은 계절 우화의 곤충을 흉내 내는 것이다. 웨트 플라이의 유일한 단점은 항상 플라이를 볼 수 없다는 점이다.

웨트 플라이는 헤엄치는 님프나 탈피하는 캐디스플라이나 메이플라이를 모방한 것이다.

라인과 캐스팅 거리가 짧고, 미세한 끝을 가진 텐카라 낚싯대는 서양 플라이 낚싯대보다 훨씬 더 플라이의 조종을 작고 섬세하게 할 수 있다. 이것은 물고기를 유혹하는 비결일 수 있다.

앞서 사카가 게바리에서 말했듯이 "맥동"은 "트위칭(twitching)"을 낚싯대 끝으로 작게 함으로써 달성된다. 이 움직임은 라인과 티핏을 통해 게바리로 직접 전달된다.

3 m가 넘는 낚싯대가 나타내는 지렛대 작용은 이 움직임을 매우 강화하기 때문에 경험이 없는 텐카라 낚시꾼들에게는 때때로 너무 강하고 너무 빠른 낚싯대 끝의 움직임을 관찰 할 수 있다.

이로 인해 게바리는 수중에서 좀 부자연스럽게 "튀어 나와" 물고기가 겁을 먹을 수 있다.

따라서 앞서 설명한 낚싯대 쥐는 방법에서 집게손가락으로 낚싯대의 핸들이나 블랭크를 가볍게 두드리면, 낚싯대의 무게가 가볍기 때문에 게바리가 맥동을 발휘할 수 있도록 필요한 진동을 주기에 충분하다. 이 맥동은 매우 매력적이며 물고기에게 위협을 주지 않는다. 대부분의 물고기는 트위칭 직후에 입질할 것이다.

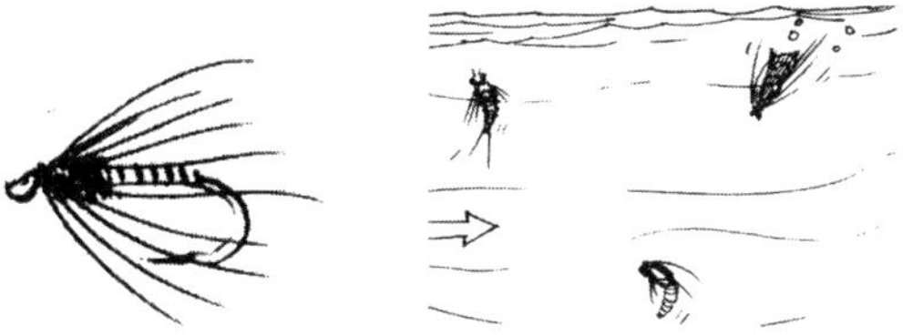

소프트 해클 웨트 플라이(soft hackle wet fly)

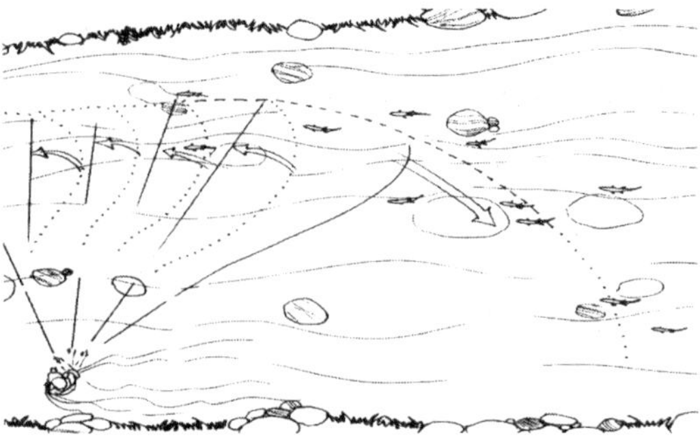

업스트림 멘딩

소프트 해클 웨트 플라이 #14를 티핏에 묶는다. 라인과 리더에 꼬임이나 코일이 없도록 똑바로 편다. 흐름이 너무 빠르지도 느리지도 않고, 수심 1,5~3피트(0.45~1.5 m) 개울의 여울로 간다. 상류로 약 45° 방향으로 캐스트 한다.

플라이가 물 속에 들어가자마자 라인의 느슨한 부분을 들어 올려서 상류로 뒤집는 멘딩(mending)을 한다. 이 상류 멘딩은 플라이의 표류를 천천히 내리지만, 지나친 멘딩으로 플라이가 물 밖으로 당겨지지 않도록 한다. 상류로 멘딩함으로써 느슨한 라인이 흐름에 잡히지 않도록 하고, 플라이는 부자연스럽게 빠른 속도로 흐름을 가로질러 스윙(swing)하지 않게 한다.

낚싯대를 수면에 대해 약 20°로 두고 낚싯대 끝의 라인을 따른다. 라인이 팽팽해지면 낚싯대 끝을 약 35°로 들어 올린다. 라인이 팽팽해지자마자 낚싯대의 끝으로 가끔씩 트위치(twitch)를 한다.

중요한 것은 낚싯대 끝이 기껏해야 2~3인치(5~7.5 cm)만 움직이고 그 이상은 아니다. 이렇게 하려면, 엄지손가락을 손잡이의 위쪽에 두어 낚싯대를 잡고 위팔은 완전히 편안한 자세(회전 건판이 편안한)로 똑바로 내린다.

트위치는 낚싯대를 들어 올리는 것이 아니라 손잡이의 바닥 손가락들로 꽉 쥠으로써 끝으로 전해진다.

이것을 하는 동안에 손을 본다면 어떤 운동도 거의 보지 못 할 것이다, 이 트위치를 하려고 애쓰는 대부분의 사람들은 처음에는 그것을 지나치게 한다.

우리가 하려고 애쓰는 것은 캐디스나 메이플라이의 탈피하는 단계와 헤엄치는 단계를 모방하는 것이다. 이것은 송어에 가장 약점이 노출되는 단계이다.

트위칭 액션의 결과로써, 소프트-해클 플라이는 1~3인치의 작은 증분으로 오르고 있다.

이것은 전통적인 웨트 플라이를 흐름을 가로질러 스

윙하는 것과는 아주 다르다.

17세기에는, 그 끝의 미묘한 액션을 아주 중요하게 생각했다. 그래서 장대의 팁 30~45 cm는 목제나 심지어 상아로써 더욱 유연하고 차이 나게 낚싯대를 만들었다.

끝이 적합하게 굽는 훌륭한 덴카라 낚싯대로써, 세지 플라이(Sedge fly)가 수변을 뛰어다니게 할 수 있게 플라이에 직접 제어를 한다.

송어, 연어는 자연스럽게 표류하는 웨드 플라이와 님프를 공격하기에 적합하지 않다. 고양이나 회색 곰처럼 -어떤 포식자이든- 그들은 활동을 원한다. 그들은 이머저, 다이빙하는 캐디스, 헤엄치는 님프, 부상 입은 미노우를 흉내 내는 활동양식을 원한다.

흉내 내는 최선의 방법은 활동양식이 미묘한 팁과 팽팽하고 가벼운 라인으로써 덴카라 낚싯대를 사용하는 것이다.

대부분, 물고기는 트위치 직후에 플라이를 취할 것이다. 연어용 웨트 플라이, 송어용 산란 캐디스 플라이를 사용한다.

각 캐스팅 후에, 하류로 두 걸음 옮긴 후 다시 캐스

팅한다.

낚싯대 부하는 라인과 플라이에 대한 물의 표면장력을 이용하라. 한번 후방캐스트해서 물속에서 라인을 되돌린다. 필요하지 않으면 폴스 캐스트(false cast)는 하지 말자.

고급 웨트 플라이 기법

보통 2개 플라이를 사용해 웨트 플라이 방법으로 낚시할 때, 캐스팅이 완벽하지 않으면 리더는 끔찍하게 엉클어지게 될 것이다.

특히 2개의 무거운 님프를 던질 때는, 동일 평면에서 라인과 함께 후방캐스트와 전방캐스트 한다면, 엉망진창 될 것이다.

벨기안 캐스트를 완벽히 하는 것은 중요하다.

2-플라이 방법은 물고기에 플라이 선택을 줄뿐만 아니라 더 많은 드랙을 일으킨다.

따라서 라인을 펴는 일과 플라이의 직접적인 제어가 많다. 그러나 2-플라이 사용의 중요한 이점은 포인트 플라이와 드로퍼가 다른 행동을 한다는 것이다.

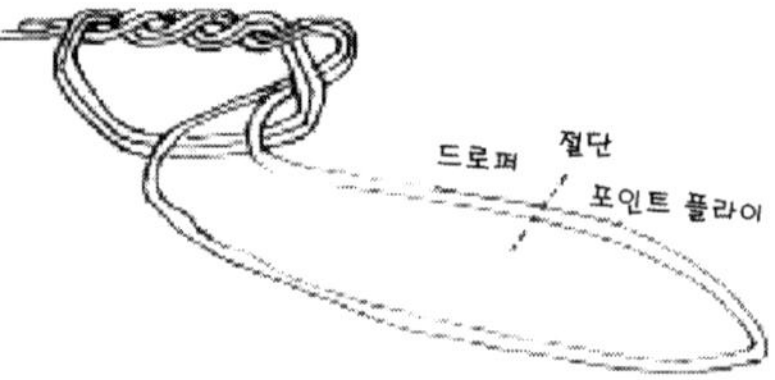

드로퍼 채비 방법

하나 이상의 드로퍼 플라이를 묶기 위해, 리더 매듭에 15 cm나 더 긴 태그(tag)를 남긴다.

함께 묶인 둘 중 무거운 것을 확인힌다. 이것은 모노가 스스로 감싸는 것을 방지할 수 있다.

드로퍼 플라이는 태그에 직접 묶는다.

일반적으로 2-플라이는 무게 있거나 텁수룩한 플라이를 포인트 플라이로 된다. 이것은 라인에 더 드랙을 추가한다. 앵커 존재로써 포인트 플라이의 평가는 캐스트 후에 라인을 펴는데 도움이 된다.

일반적으로 포인트 플라이는 소프트 해클로 #14 2X 무거운-님프 바늘과 3X나 4X 티핏과 함께 드로퍼용으로 더 작거나 더 가벼운 플라이로는 3X 티핏에 묶는다. 포인트 플라이는 드로퍼로부터 3~4 ft(90~120 cm)에 있을 수 있다.

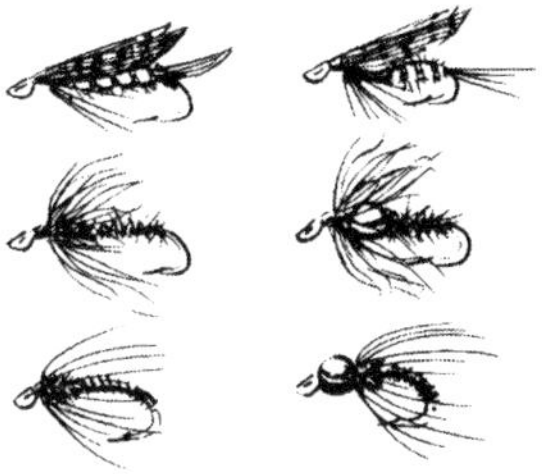

포인트 플라이㊨와 드로퍼㊧

가벼운 티핏은 거의 사용하지 않는다, 이유는 하류로 낚시하는 것과 리더가 물고기 위로 지나가지 않기 때문이다.

스프링 크릭에서 물고기가 조심스럽고 우화에 작은 티핏이 필요할 때, 티핏 사이즈를 낮출 수 있지만, 특히 바람이 불면 라인이 엉클어질지도 모르므로 조심해야 한다. 1개 플라이 낚시와 같은 방법으로 2개 플라이로 낚시한다. 표류의 끝에서 트위칭을 하고 들어 올린다.

정기적으로, 엉키거나 윈드 노트(wind knot)가 있지 없는지 리더를 확인한다. 윈드 노트는 티펫 강도를 50 % 감소시킨다.

만약 플라이를 가라앉히고 싶다면 5X나 6X 더 작은 직경 티핏을 사용한다. 그리고 라인은 느슨하게 상류로 더 멀리 던진다. 만약 흐름이 빠르면, 스윙(swing)을 피하기 위해 상류로 멘딩한다.

당신과 플라이 사이의 흐름이 느리면 하류로 멘딩한다. 라인이 하류로 펴지는 때 플라이를 트위치할 수 있고 낚싯대를 위로 천천히 들어 올린다. 다시 캐스트하기를 서두르지 말자.

몇 초 동안 수면에 부드럽게 흔들리게 플라이를 그대로 둬서 물고기를 지분거리게 한다.

만약 깊은 밑바닥에 닿기를 원한다면, 포인트 플라이용으로 텅스텐 비드 헤드 소프트 해클을 사용하십시오.

만약 알-낳는 캐디스플라이가 있다면, 텐카라 낚싯대와 다양한 플라이의 장점을 극대화 할 수 있다. 12~15 ft(3.6~4.5 m)의 짧은 라인으로 시작하자.

포인트 플라이와 드로퍼 사이는 4~5 ft(1.2~1.5m)로 거리를 늘리자. 캐디스(애벌레)를 가장 닮은 플라이, 헤어스 이어(Hare's Ear)나 페전트 테일(Pheasant Tail) 소프트 해클을 포인트에 둔다. 드로퍼는 스티머레이터(stimulator)나 엘크 헤어 같은 드라이 캐디스를 묶는다.

맞은편 또는 45° 하류나 상류로 던지자. 스윙이

페전트 테일

헤어즈 이어

엘크 헤어

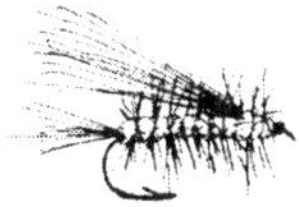
스티머레이터

끝나면 드라이 캐디스가 수면에서 약간 떨어질 때까지 낚싯대를 들어 올린다. 바닥에 알을 낳기 위해 물의 표면장력을 뚫으려고 애쓰는 암컷 캐디스를 모방하는 수면에 드라이 플라이가 뛰뛰며(hopping) 스쳐지나가게 한다.

이 작은 뛰뛰기를 위한 속임수는 포인트 플라이와 드로퍼 사이의 거리를 늘이는 데 있다.

그리고 낚싯대 팁의 마지막 30 cm 조작이다. 그것을 하는 설명방법은 안전금고를 해독하는 방법을 설명하는 것과 같다. 그냥 연습하면 알아낼 것이다. 당신은 2개 플라이로 제대로 낚시하고 있는 때를 알게 될 것이다.

포인트 플라이와 드로퍼 사이에 거의 동등하게 물고기를 낚게 될 것이다. 생각 이상으로 자주 동시에 2마리 물고기를 낚을 때는 정말 재미있는 일이다.

릴 장착 낚싯대로 웨트 플라이 낚시

정규 플라이 낚싯대로 어느 정도 텐가라 웨트 플라이 방법을 적용시킬 수 있다. 단지 긴 슬로우-액션 낚싯대 10피트 #2번을 추천하고 라인 처짐을 피하기 위해 1번 라인을 추천한다.

라인에 느슨함이나 처짐이 있으면, 또는 라인이 바람으로 인해 날린다면 플라이에 액션을 전달할 수 없다.

페스트 액션 낚싯대로 트위치를 시도하려고 낚싯대 전체를 세우면 과잉-트위치 될 것이다.

캐스트는 고작 20 ft(6 m) 짧게 하라 그러면 플라이를 잘 제어할 수 있다.

정통적인 날개가 있는 웨트 플라이를 소프트 헤클 플라이로 바꾼 이유는 플라이의 위아래가 없어서, 플라이가 측면이나 거꾸로 흔들리는 것에 대한 우려를 하지 않아도 되기 때문이다.

제대로 묶은 소프트 해클 플라이는 대부분의 플라이 가게에서 발견하기가 거의 불가능 하다,

그러나 그들은 묶기가 간단하므로 직접 묶는 것을 배우라고 강력히 권한다.

전통적인 소프트 해클과는 한 가지 중요한 차이가 있는 헤어즈 아이스 더브(Hare's Ice Dub)로 가슴을 묶는다. 이것은 헤어즈 이어(hare's ear) 털에 약간의 합섬의 반짝이를 더한 것이다.

이것은 두 가지 이점이 있다. 해클의 뒤에 묶인 가슴은 해클이 몸에 닿지 않도록 열어 두어서 젖었을 때에 더빙의 반짝임은 탈피하는 님프의 기포처럼 보인다. 그것은 님프 패턴에 금색 비드를 한 것과 비슷하다.

님프 낚시

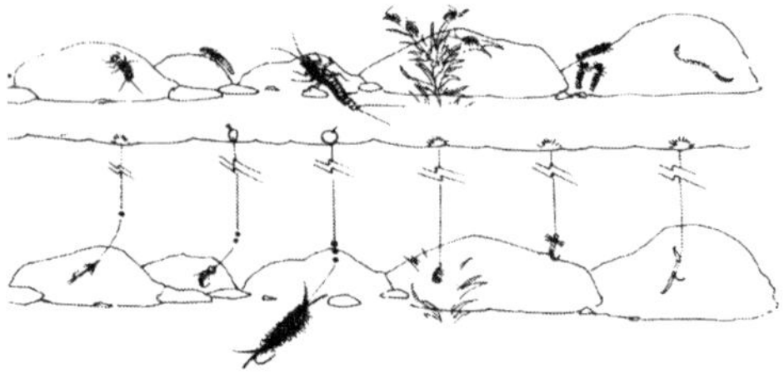

물에 가라앉도록 설계되었다는 점에서 드라이 플라이와는 다르고, 특기 사항이 별로 없다. 님프는 개울가의 바위틈 사이에 살고 있는 단계에서 메이플라이, 캐디스 플라이, 스톤플라이를 흉내 내도록 되어 있다.

어떤 것들은 더 정교하지만, 날개가 없고 기어 다니는 벌레, 배가 갈라진 벌레의 흉내를 내려고 한다. 많은 님프 패턴은 플라이로 치장하기 전에 훅에 납이나 납 대신에 와이어를 감아 플라이가 가라앉도록 무게를 준다. 또한 금속 구슬로 만든 머리를 붙여서 사용한다.

플라이낚시 초기에는 드라이 플라이와 웨트 플라이가 가장 널리 사용되었지만, 오늘날 님프들은 님핑에 의한 물고기를 잡는 가장 믿을만한 방법으로 곤충의 우화에 대응하는 송어에 의존하지 않기 때문에 도전적이고 호기심을 자극하는 것으로 보인다.

물살과 함께 님프를 표류할 때 탁월한 통제를 제공해야 한다. 상류로 캐스팅하고, 낚싯대 팁을 높이 유지시킴으로써 약간 느슨한 티핏은 님프의 선두가 되도록 해야 한다. 님프가 바닥에 튀어 오르고 건너 뛸 때, 라인이 물속으로 들어가는 지점에서 느슨함을 주시해야 한다. 바닥 근처의 입질은 매우 미묘할 수 있으므로 평범하지 않은 라인은 무엇이든 지켜봐야 한다.

이 캐스트로써 밑바닥 자갈을 움켜잡지 못해 뒹구는 위험에 빠지는 미성숙한 곤충들을 멋지게 흉내를 낸다. 이 뒹구는 3차원을 시각화하려고 열심히 노력해야 한다.

라인을 팽팽하게 낚싯대 팁을 들어 올리는 것을 추가하면, 수면을 찾는 님프들을 모방한다.

님프를 먹는 물고기는 전형적으로 개울의 바닥 30 cm에 있다. 님프 낚시를 할 때, 바닥에 닿을 만큼 충분한 무게를 사용해야 한다.

물이 빠를수록, 님프 자체를 묶을 때 충분한 무게가 필요하다. 이것은 부드러운 텐카라 낚싯대에 잘 어울리는 캐스팅과 라인 경량화를 만들어 준다. 이런 이유로 비드 헤드 님프를 선호한다.

또한, 매듭 태그나 님프 위의 티핏에 봉돌을 추가할 수 있다. 플라이 위의 티핏에 봉돌을 달지 않고 태그에 봉돌을 달면 라인은 더 민감할 수 있기 때문에 입질을 더 쉽게 감지할 수 있다.

바닥에 걸리면 태그의 봉돌아 끊어지므로 플라이를 구할 수 있다. 이쑤시개로 고정해 태그에 붙어 있는 유리, 놋쇠, 텅스텐 비드도 효과는 좋다.

님프위로 30 cm 이하에 봉돌을 배치하면 님프가 생산적인 바닥 근처에 머물도록 하는데 도움이 된다.

항상 무독성 봉돌을 사용한다, 납 봉돌은 물새를 죽일 수 있다.

2-님프. 태그에 봉돌. 티핏에 봉돌

님프를 가라앉히는 방법

님프 낚시를 할 때, 님프가 목표 지역으로 표류하기 전에 바닥에 가라앉을 수 있도록 충분히 상류에 캐스팅한다. 이것은 특히 도달 범위가 다소 제한되는 텐카라 낚싯대에서 중요하다.

무겁게 가중한 님프를 캐스팅할 때는 라인이 엉키지 않도록 상류 캐스팅을 늦추고 가중된 플라이를 상류로 로브 캐스팅(lob casting)을 한다.

가는 라인에는 무게가 가벼운 봉돌과 무거운 봉돌을 붙일 수 있다. 별 성과가 없으면 수시로 양을 조정한다. 물고기가 굼뜬 때 몇 cm 더 깊으면 차이가 생길 수 있다.

티핏이 굵을수록 가라앉는 속도가 늦어지고, 얇은 티핏으로 전환할 때마다 드랙이 35~40 % 감소한다. 티핏이 굵을수록 30 cm를 목표로 하는 것이 더 어렵다. 플루오르카본의 밀도도 가라앉는 속도를 더 빠르게 한다.

텐카라 정통주의자는 가중치를 회피하고 캐스트를 변화시킨다. 더 상류에 캐스트 함으로 더 작은 중량을 보상할 수 있다. 이것은 비가중 플라이로 더 깊게 침투할 수 있게 한다.

체코 님핑은 1970년대에 폴란드에서 시작되어 프랑

스, 스페인 같은 이국적인 명칭이 붙여졌다.

플라이 라인 대신에 모노필라멘트 라인과 매우 단순한 님프를 사용했고, 항상 님프를 낚싯대 팁에 가까이 해서 낚시했다. 또 다른 특색은 님프를 빨리 가라앉히려고 무거운 님프를 사용했다.

아주 짧은 라인을 던진다면, 플라이는 가능한 한 짧은 시간에 물고기가 머물고 있는 바닥 근처에 있기를 원했다.

이것은 상당히 논리적이었고, 이 기법은 유행되고 발전하게 되었다, 약간의 트위치 추가로 더욱 효과적인 님프 낚시를 만들었다.

오늘날 님프 낚시꾼들은 루어 낚시꾼들처럼 님프에 활동을 주어 위글링 웜(wiggling worm) 또는 스위밍 님프(swimming nymph)를 흉내 낸다.

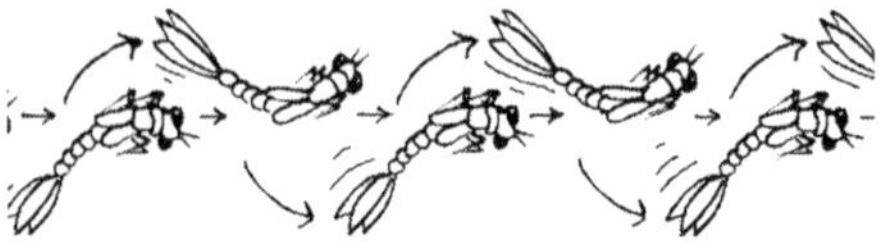

위글링 웜(wiggling worm)

헤엄치는 님프(swimming nymph)

중요한 것은 올바른 장소를 선택하는 능력과 바른 시간에 그곳에 가서, 바른 방법으로 낚시하는 것이다.

1개 님프로써 낚시할 때는 60~90 cm 깊이의 보통 느린 흐름을 찾는다. 캐스트는 상류 45°로 낚싯대 팁의 탄성과 님프의 무게만으로 던진다.

또 다른 캐스트는 웨딩 때 라인이 물에 얹혀 있어서 물의 표면장력을 이용한 낚싯대 부하로 던진다. 오버헤드 캐스트와 동일하지만 후방캐스트가 없다.

플라이가 물에 닿은 후 플라이가 바닥 가까이 닿도록 몇 초 동안 기다린다. 낚싯대 끝은 하류로 님프의 통로를 따라간다.

플라이를 하류로 끌지 않는다. 이것은 매우 중요하다. 플라이의 표류는 자연스럽게 보여야 한다. 효과적인 플라이를 원한다면 그것이 살아 있게 보여야하고 이를 달성하는 최고의 방법은 하류로 플라이가 표류하는 동

트위치 액션

안 작은 트위치를 해야 한다. 이 트위치는 님프의 동작을 흉내 내고, 물고기에 반응을 일으킬 수 있다.

트위치 방법은 웨트 플라이 낚시에서 이미 설명하였고, 트위치는 가능한 한 작아야 한다고 강조할 뿐이다. 최소의 동작은 낚싯대의 지렛대 작용에 의해 확대되기 때문에 충분할 것이다.

플라이를 직접 제어하기 위해 항상 가능한 한 물에서 벗어난 라인을 많이 유지해야 한다.

이것은 가장 어려운 일 중의 하나이다. 왜냐하면 표류하는 동안 님프를 잡아당겨 대롱거리며 매달려있는 것을 보고 싶지 않기 때문이다.

드위치 사이에 님프 표류를 자유롭게 해야 한다. 자유로운 플라이에 의한 작은 트위치의 조합은 물고기에게 가장 매력적이다. 표류 끝에 도달하면 플라이는 바닥에서 표면으로 상승하기 시작한다. 바로 물 밖으로 당기지 말자. 물고기는 그것이 탈피하는 곤충으로 여길지도 모른다.

그래서 입질을 받을지 모른다.

초보자들은 종종 라인에 큰 인디케이터를 부착해 플라이와 함께 데드 드리프트(dead drift, 자연스러운 표류)에 이용하지만 권하고 싶지 않고, 플라이의 직접 제어를 권고한다. 플라이는 물고기가 머물고 있는 곳이면 미묘한 활동을 전하고 싶을 때까지 접촉해 데드 드리프트 달성을 느낄 필요가 있다.

인디케이터는 그 활동을 전해 주기를 저지하고 플라이를 깊이 내리는 것을 저지한다.

님프 낚시에서 수심측정이 필요하다. 흐름이 얕거나 느리면 짧은 리더와 가벼운 님프를 사용하고 깊고 빠르면 무거운 것을 선택한다.

흐름 속도에 가까운 표류 속도를 줄 가능한 한 가벼운 님프로써 겨룬다. 경험에 의하면 가벼운 님프일수록 더 잘 표류한다. 문제는 티핏과 리더로부터 플라이에 드랙(drag)이다. 가장 자연스러운 방법으로 플라이를 물고기에 보여주기 위해 가는 티핏과 가능한 한 가장 가볍게 모방해야 한다.

2개 이상의 님프를 사용할 때는 빠른 물에서 물고기에 플라이의 선택을 주는 것보다 큰 플라이를 서용하지 않고 더 큰 무게를 더하는 것이다.

보통 3X~5X 티핏으로 15 cm 드로퍼를 추가한다. 드로퍼와 포인트 플라이 사이의 거리는 50~60 cm 정도이다, 빠른 물에서는 보다 짧게, 느린 물에서는 보다 길게 한다.

2개 이상의 님프로써 낚시를 쉽게 하는 방법은 포인트에는 무거운 플라이를 묶고 드로퍼에는 가벼운 것을 묶는다. 이것은 캐스팅을 쉽게 한다.

가장 일반적인 채비는 흐름의 세기(흐름이 강할수록 플라이는 더 크다)에 의존하는데 포인트 플라이는 #8~12, 그리고 드로퍼는 #12~16의 훅으로 구성한다.

만약 느린 흐름이나 까다로운 물고기에 가장 자연스러운 프레젠테이션을 원한다면, 포인트에 가장 작은 플라이를 묶을 수 있다. 이것은 더욱 자연스러운 프레젠테이션을 만들 것이지만, 캐스팅과 입질파악은 더욱 어렵게 할 것이다. 이 이유 때문에 이 채비는 경험 많은 사람들에게만 권한다. 경험이 적은 사람들을 위한 대안은 동일한 무게의 작은 플라이(#14~16)를 포인트와 드로퍼에 사용한다.

프레젠테이션은 1개로써 낚시하는 때처럼 2개 이상의 플라이로써 낚시하는 때도 같다.

2개 이상의 플라이는 빠른 흐름에서 자주 사용되기 때문에 가능한 한 오랫동안 표류하기 위해 플라이를 던지는 각도를 변경하기만 하면 된다. 흐름이 빠를수록 더 많이 상류로 캐스팅해야 한다. 매우 빠른 흐름에서 최대 90°까지 가능하다. 이것은 플라이를 충분히 오래 표류하는데 필요한 것이다.

더욱 더 역동적인 액션을 만들이 위해 표류를 따라 전반전에 낚싯대 끝을 들어 올리고 후반전에 그것을 내려야 할 것이다. 취하기는 종종 매우 어렵기 때문에 이런 종류의 물에서 물린 것을 감지하는 것은 그리 어렵지 않다.

다음은 포인트 플라이와 드로퍼의 구성과 플라이 선택에 관한 요령이다.

- 같은 무게의 플라이는 티핏이 밑바닥에 평행하게 표류한다. 이 채비는 같은 깊이에서 같은 표류로 많은 물을 탐색하는데 좋다.

- 더 무거운 포인트 플라이는 티핏이 더욱 수직 방향으로 표류한다. 이것은 수심이 다른 물을 탐색하고 싶을 때 도움이 된다.
- 더 무거운 드로퍼는 포인트 플라이가 그 무게가 더 가벼움에도 불구하고 아주 자연스러운 표류로써 바닥에 가까이 따를 것이다.
- 플라이가 바닥에 잠긴 나무들로 방해받는 것을 줄이기 위해 생크의 중간 또는 머리를 무겁게 한 그러브 훅(grub hook) 또는 지그 훅(jig hook)를 사용한다. 이 종류의 플라이는 바닥이 고르지 못하거나 부스러기로 가득한 강에서 바람직하다.
- 가는 몸통은 플라이를 빨리 가라앉게 한다.

  상스럽게 솜털로 뒤덮인 몸통은 가라앉는 속도를 천천히 내린다. 그래서 가느다란 몸통은 빠른 물에 바람직하다. 느린 물에서는 솜털로 뒤덮인 몸통이 발탁된다.
- 금빛이나 은빛 비드 헤드는 색깔 있는 물에서 잘 작동한다. 황동, 검정, 또는 무 비드 헤드는 맑은 물에 좋다.

인디케이터(Indicator)

인디케이터는 입질을 전하는 찌 역할을 하며 빠른 물과 초보 님프 낚시꾼에게는 큰 도움이 되지만, 낚시기술이 향상되면 선택사항이 된다.

물이 뒤집히거나 잔물결이 일면 인디케이터는 튀는 라인에서 입질 감질을 돕기 때문에 사용해야 한다. 그리고 수면이 깨졌을 때 물고기들은 그리 심하게 겁먹지 않기 때문이다.

인디케이터는 수면 밑에서 플라이를 특정 깊이에 일시 정지시키거나 정지되지 않더라도 숨은 동작을 전한다.

플라스틱 방울은 물이 거칠거나 난류에 가장 좋고, 변덕스러운 물에는 코르크 또는 폼 버전이 좋다. 둘 다 잔잔한 물에서 물고기를 놀라게 할 수 있다. 사용하는 인디케이터를 위아래로 움직여서 깊이를 쉽게 조정할 수 있는지 확인하고 가장 작은 인디케이터를 사용한다.

드라이 플라이 훅의 허리에 수중 플라이를 묶어 사용하면 인디케이터 대신으로 효과가 좋다. 메뚜기 모조는 몸집이 크고, 잘 떠다니며, 쉽게 따라다니기 때문에 이 조합을 호퍼-드로퍼라고 하며, 물고기는 어느 쪽이든 입질하지만, 따뜻한 날에 매우 생산적일 수 있다. 낙하산과 같은 더 작은 드라이 플라이는 조용한 물에서 사용된다.

티핏 앞에 밝게 착색된 모노필라멘트를 짧게 묶으면 또는 두 가지 색상을 직렬로 연결하면 교묘한 입질에 민감한 시각적 디스플레이를 제공할 수 있다. 이 구간에 더 두터운 모노필라멘트 코일을 설치하면 특히 눈에 잘 띈다.(코일은 라인을 5분간 끓인 후 볼트에 단단히 감싼 상태에서 밤새 얼리면 된다.)

텐카라 낚시꾼은 찌 없애기를 강요받지 않아야 한다. 그러나 대부분의 텐카라 낚시꾼들은 결국 그것을 떼어내고, 가볍고 "덜 달린" 라인에서 발견되는 향상된 민감성과 쉬운 캐스팅을 선택한다.

스트리머(Streamer) 낚시

덴카라 낚싯대로 크고 무거운 스트리머를 물에 던지는 것은 유쾌하지도 않고 실용적이지도 않다.

그것을 할 수 없다는 것은 아니자만 덴카라는 무거운 벌레나 스트리머를 끌도록 설계되지 않았다. 그렇다고 해서 스트리머가 덴카라 낚시에서 아무런 역할도 하지 않는다는 의미는 아니다.

크고 무거운 스트리머를 질질 끌지 않지만 작고 가볍게 만든 미니 스트리머를 사용하여 낚시한다.

미니 스트리머는 #8~10 훅에 묶는다. 이것은 오랜 경험을 통해 적합하고 효과적이다. 때때로 더 작은 것이 더 좋다. 특히 이 작은 미끼로 다른 음식을 흉내 낼 때 더욱 그렇다. 다른 것이 작동하지 않을 때 이 패턴을 결정하는 경우가 많다.

미니 스트리머 벅테일(Bucktail)은 1년 내내 모든 종류의 물(만수, 저수, 청수 또는 탁수)에서 낚시할 수 있다.

이 패턴은 #12~14의 3X 및 4X 긴 스트리머 훅과 #10~14의 표준 웨트 플라이 훅에 묶는다.

이 패턴은 묶기 전에, 낚시할 물에 어떤 종류의 미노우가 서식하는지 확인한다. 이 데이터는 가장 효과적인 패턴을 결정하는데 도움이 된다.

미니 스트리머 벅테일은 성기게 묶는다. 대부분 미끼 물고기는 유선형이고 손질되었기 때문이다.

물 상태에 관계없이 스트리머 벅테일 패턴은 물고기를 유인하는 일종의 섬광이 있으므로 항상 금색 또는 은색 반짝이로 몸을 감싼다.

경험에 따르면 플라이의 모양, 섬광 및 동작이 중요하지만, 내구성도 중요하다. 물고기의 여러 타격을 견딜 수 있도록 묶어야 한다.

색상은 빨간색과 흰색, 빨간색과 노란색, 갈색과 노란색, 검은색과 흰색, 갈색과 흰색, 더 정교한 색상이 있는 패턴을 원한다면 혼합에 3째 색상을 추가할 수 있다. 3단 조합은 검정, 갈색 및 흰색과 마찬가지로 노란색, 갈색 및 흰색이다.

미니 스트리머 벅테일

- 훅 : 오비스 1524 2X 또는 #10, 12, 14
- 실 : 검정 8/0
- 꼬리 : 밝은 녹색 해클 끝
- 늑골 : 좁은 은색 틴셀
- 몸통 : 오비스 크림 스펙트라블렌드 더빙
- 날개 : 흰색 벅테일, 핑크 벅테일. 녹색 벅테일

겨울/초봄 : 겨울과 이른 봄의 차가운 물은 물고기를 느리게 움직이게 한다, 크고 먹음직하지 않는 한 취식에 큰 에너지를 소비하지 않기 때문에 미니 스트리머 벅테일이 이상적이다.

봄/초여름 : 대부분의 지역에서 연중 이맘때에 우화가 발생한다. 우화는 면중 무휴 24시간 발생하지 않는다.

물고기가 더 활동적이고 플라이가 하류로 갈 때 플라이를 가벼운 트위칭으로 약간의 행동을 부여하는 것이 가장 좋다.

플라이 패턴에 액션을 부여하고 물고기가 공격하도록 유도할 수 있는 점에서 덴카라 낚싯대의 가장 큰 장점이다.

가을 : 가을에는 수단을 좀 더 다양하게 하고 싶다. 데드 드리프트(dead drift)에 플라이가 흐름을 따라 스윙(swing)하게 하는 변화이다.

가장 좋은 방법은 덴카라 낚싯대 팁을 사용하여 플라이의 동작에 약간의 트위치를 추가하는 것이다. 연중 이맘때 가장 많은 입질을 하는 것 같다.

낚시 환경과 전략

일부 낚시꾼은 상황에 상관없이 상승하는 물고기에 드라이 플라이, 님프, 그리고 스트리머로써 비효율적인 방법으로 낚시한다.

어떤 계류 혹은 개울의 일부는 특별한 기술로써 매우 효과적인 낚시를 할 수 있다.

그해의 시즌, 그날의 조건과 시간, 그 시간에 활동하는 곤충, 그리고 기타 등등 추가하는 때, 간단한 기술로써 해결하지 못할 수수께끼를 갖는다.

그러나 보통 낚시꾼들은 곤충학자가 될 필요가 없다. 적갈색 던 님프와 엷은 아침 던 님프사이의 차이를 알 필요가 없다.

또한 탈피 일자, 성별, 성숙, 그리고 미성숙조차도 잊을 수 있다.

항상 우회에 어울리게 할 필요도 없다.

물을 살펴보고, 물고기들이 머물고 있는 장소와 플라이를 제시할 필요가 있는 곳을 생각한다.

산간 수역

산골짜기를 통해 흐르는 계류는 거친 흐름이다. 그것은 옥석과 들쭉날쭉한 바위를 구르며 흐른다. 걸어서 건너기 어렵거나 불가능하고 때로는 위험하다. 거센 물을 포기하고 대신 느린 가장자리를 따라 포켓(pocket)과 풀(pool)에 집중해야 한다.

물의 타입을 읽고 배우기가 쉽다. 왜냐하면 눈에 띄는 흐름, 거품 선, 포켓, 풀(pool), 시임(seam), 그리고 옥석

(boulder)과 통나무더미 같은 장애물이 단서를 제공하기 때문이다. 게다가 파도와 흐름의 소음은 겁 없이 물고기가 머물고 있는 물에 낚시꾼이 가까이 가는 것을 허용한다.

거품 선은 확실히 보이지만 음식물을 날라다주거나 탈출하는 길은 컨베이어 벨트와 같지 않다.

얇은 거품 선은 주류 속에 옥석 뒤나 옆에 또는 몇몇 흐름이 합쳐지는 둑의 옥석 옆에 나타난다. 이들 아래 거품 선은 활짝 퍼지고, 이 지점에서 더 넓고 더 느린 흐름에서 물고기는 머물며 먹기 시작한다. 거품 선은 물고기가 은신하고, 먹고, 그리고 급류로부터 휴식을 위해 약 15 cm 또는 더 넓어야 한다.

포켓은 통나무더미나 옥석 아래에 위치한 깊은 물이다. 물고기는 거품 선을 이용하는 것처럼 포켓을 이용한다.

심(seam)은 대부분의 물고기가 머물기 좋아하는 혼류의 경계흐름이다. 옥석의 외측 빠른 물로부터 안쪽의 잠잠한 물로 갈라지는 경계가 좋은 예이다. 그것은 눈에 띄는 흐름, 포켓, 거품 선, 또는 언더컷, 통나무더미로 연관되어질지도 모른다.

낚시꾼은 물에서 더 많은 시간을 들여야 한다,

그래서 더욱 생산적인 시임지역을 쉽게 인식하게 될 것이다. 시임지역은 어떤 다른 지역 보다 많은 멋진 송어를 생산할 수 있다.

웨트 플라이 낚시는 빠른 물에서 스톤플라이와 캐디스플라이 이다.

작은 플라이에 마음 졸이지 않고 2-플라이로 소프트 해클과 드라이 캐디스를 사용한다.

포인트 플라이는 #8이나 #10 같이 큰 매력이 있는 소프트 해클과 드로퍼 플라이에 큰 부력이 있는 드라이 플라이를 사용한다.

포인트 플라이가 잔잔한 물, 거품 선, 소용돌이 또는 포켓의 모든 곳에 먼저 들어가도록 하류로 캐스팅한다.

때로는 물마루에 작은 파도의 꼭대기에서 드로퍼 플라이를 튕길 수 있다. 그렇게 해도 입질이 없으면 같은 영역의 위로 소프트 해클을 끌어들인다.

님프 낚시는 물고기가 놀라지 않게 최소로 캐스팅 한다. 매우 작은 포켓에는 전혀 캐스트 하지 않고, 원하는 물고기 바로 위에 플라이를 떨어뜨린다. 이 수역에서 님프 낚시를 쉽게 하는 방법은 큰 드라이 플라이 밑에 가볍게 가중한 님프를 평균 수심의 약 1,5배에 묶는 탠덤(tandem) 형식을 사용한다.

웨트 플라이 낚시에서 2-플라이에 드로퍼를 제거하는 것처럼 제대로 낚시할 수 있는 깊은 소를 발견하면 1개 님프만으로 돌아간다.

가파른 계곡에서 낚시하기 불가능하게 보이는 곳에 종종 대물 고기가 머문다. 일반적인 장소는 물에 닿는 가지로써 돌출된 나무아래 지역이다.

캐스팅이 불가능한 장소지만 해결책은 물속이 아닌 둑에서 최소의 소음으로 장소의 상류로 걸어가 약 22 ft(6.6 m) 지점에 위치를 정한다.

드로퍼 플라이는 커다란 캐디스를 묶고 포인트 플라이에 작고 무거운 님프를 묶는다.

플라이를 물에 둔 다음, 낚싯대 끝을 흔들어서 채비가 가지들 아래에 닿도록 충분히 라인을 흘러내린다.

드라이 플라이 낚시는 곤충 활동이 나타나는 물에 혼전하는 때이다. 캐디스 우화 때에 낚시를 원한다면, 캐디스 탈피는 저녁에 발생하기 때문에 그날 늦게 도착해야한다.

물고기가 머무는 포켓과 경계흐름에서 예상된 우화

에 상승을 방해하지 않게 둑으로부터 충분히 떨어져 걷는다.

만약 캐디스나 메이플라이의 탈피가 있다면, 그것에 맞추어 그에 따라 낚시한다.

상승하는 물고기도 없고 활동하는 곤충도 없다면, 그 때에 먹이로써 물고기가 인식하는 곤충을 모방한 것을 고른다.

거친 물에서, 물고기는 종종 수면을 타는 메이플라이 던을 향해 상승한다. 물고기를 관찰하며 캐스팅한다. 만약 그 물고기가 상승을 계속하면서 던을 지나치면 이머저 또는 날개 없이 떠다니는 플라이로 바꾸거나 사용하고 있는 드라이 플라이 날개를 잘라내어 사용한다.

최고의 드라이 플라이 낚시기술은 거친 물에서 암컷이 산란하려고 물로 돌아오는 때에 발생한다. 그것은 암컷이 알을 낳는 때와 장소를 찾아내는 것이 중요하다.

평지 수역

이 수역은 보통 여울과 풀로써 평탄한 물을 포함한 굽이굽이 흐르는 흐름의 대표적이다. 물 읽기는 많은 둑 걷기, 집중, 좋은 시력, 및 충분한 인내를 요구하지만, 때로는 거의 보조개를 남기지 않고 표면으로 상승하는 거대한 물고기의 놀라운 광경을 볼지도 모른다.

최근에 그들을 발견했던 지점에 물고기 상승이 없다면 많은 이동을 치려야한다. 곤충과 그들에게 상승하는 물고기를 모우는 느린 흐름에는 4가지 특징이 있다. 소용돌이, 역류, 찌꺼기 선, 그리고 취식통로를 지켜봐야 한다.

소용돌이는 다리 주변, 만곡부, 그리고 고립부에 형성된다. 소용돌이의 끝에 곤충을 모우는 역류를 찾는다. 소용돌이와 역류 속에서 흐름의 방향 때문에 물고기는 하류로 직면할지도 모른다.

찌꺼기 선과 취식통로는 흐름이 합쳐지는 곳에 발견된다. 찌꺼기 선은 고정된 취식통로를 제공한다, 그리고 물고기는 플라이를 취하려 거의 멀리 이동하지 않는다. 이와 같은 장소에서 물고기는 취식통로로 알려진 길고, 넓은 통로를 형성하기 위해 두 찌꺼기 선이 합쳐지는 곳으로 후퇴할지도 모른다. 더 넓고 더 긴 취식통로는 아주 많은 물고기를 확보할지도 모른다.

다른 특별한 곳은 둑에 가까운 잠재적인 대피소이다, 둑과 언더컷, 통나무들과 둑을 따라 흐름을 파괴하는 바위는 물고기에 이상적인 서식지를 만든다.

또한 하천 흐름의 한가운데를 파괴하는 바위나 통나무에 의해 만들어지는 물 포켓을 찾는다.

물고기는 종종 흐름이 장애물에 의해 갈라진 두 흐름에서 먹이를 먹으며, 이런 잔잔한 물에 머무른다. 또한 더 깊고 더 느린 곳도 확인한다.

웨트 플라이 낚시는 소프트 해클로 물이 다소 깊고 (15cm 이상) 흐르면 언제나 작동된다.

얕은 물에서 약간 큰 물고기가 있을 수 있는 이른 아침이나 저녁을 제외하고 주로 작은 물고기를 잡을 것이다.

흐름의 모든 만곡부에는 깊은 풀이 있을 것이다. 대물 물고기가 있는, 둑 밑 언더컷 깊이 내려가 가두어 넣은 곳이다. 저녁에, 무거운 스트리머 낚시로써 이들 대물을 잡아 낼 수 있다.

님프 낚시는 둑 밑의 언더컷과 깊은 수역이다. 언더컷은 덩치 큰 놈들이 숨어있는 곳이다.

성공 기회는 수변에 접근하는 방법에 달려있다.

걸음걸이로 생기는 소리는 물고기를 놀라게 하므로 발레 댄서나 특수 강력요원처럼 이동해야 한다.

물속의 님프를 볼 수 있다면, 짧은 거리 사이트 피싱(sight fishing)을 택한다. 가능한 한 둑 가까이 던지고 눈으로 플라이의 표류를 따라 간다.

만약 플라이 가까이 갑자기 생기는 반짝임이나 플라이를 덮는 그림자 같은 것을 보면, 잡아챈다.

종종 그 반짝임이나 그림자는 물고기이다.

만약 플라이를 보는데 문제가 있다면, 형광성 나일론 조각으로 만든 인디케이터 또는 드라이 플라이를 인디케이터로 사용한다.

작은 찌처럼 보이는 스트라이크 인디케이터는 플라이 숍에서 살 수 있다.

큰 인디케이터는 실수를 더 많이 함을 고려해야 한다. 이것에는 2가지 이유가 있다.

첫째는 물고기가 플라이를 물었다가 무엇인가 잘못을 알아채고 아주 빨리 도로 뱉어낸다. 이 경우에 찌에서 최소의 움직임조차 보지 못할 것이다. 둘째는 첫째와 관련되어 있다. 스트라이크 인디케이터에서 님프까지 전해지는 저항은 표류에 영향을 미치고 물고기는 뭔가 잘못되었음을 깨닫고 플라이를 완전히 거부할 가능성이 높아진다.

드라이플라이를 인디케이터로 사용하는 것이 더 좋다. 둑의 언더컷 낚시는 드라이플라이에 매달린 님프가 훨씬 더 효과적이다. 플라이는 물고기의 수심에서 코앞을 통과할 것이다. 그리고 눈은 표류를 따라가 인디케이터가 정지하는 것을 보는 즉시 잡아챈다.

풀(pool)에서 낚시하고 있다면, 노려야 할 곳은 풀

(pool)의 머리와 꼬리이다. 얕은 곳이기 때문에 웨트나 드라이 플라이 낚시꾼에게 더없이 좋은 장소이다.

대개, 상류로 낚시하는 것이 의무적이다, 그래서

가장 효과적인 기술은 하이-스틱(high-stick) 님핑이다. 더 쉽게 낚싯대에 부하하려고 팁에 기능한 한 많은 플라이 라인을 뽑아내는 릴 장착한 레귤러 플라이 낚싯대로써 낚시할 때는 꽤 짧은 리더를 유지한다. 좋은 절충은 2ft(60cm)의 티핏 길이를 합쳐 리더는 7-8ft(2.1~2.4m)이다.

대부분, 1개의 님프로 만족하지만, 탠덤 낚시를 좋아한다면 님프와 드라이 플라이의 조합은 매우 효과적일 수 있다.

대단히 깊은 풀(pool)에서 2-님프 채비만으로 시도 할 수 있다. 포인트 플라이로써 무거운 님프를 사용하면 바닥에 빨리 도달하게 된다. 드로퍼를 더 작은 플라이로 묶어 차별화 한다.

드라이 플라이 낚시는 느린 들판 수역은 항상 매력적이며 매 굽이 마다 머무는 물고기는 낚시가 쉽지만, 그들의 온화한 성격은 그들의 변덕스러운 본성이 잘못 전해진 것 같다.

이들은 거친 물에서 상승하는 물고기와 마찬가지로 가까운 접근을 허용하지 않는다. 그래서 무수한 흐름은 끊임없이 중요한 드랙을 만든다.

플라이가 상승하는 물고기에 다가감에 따라 캐스팅하며 조심스럽게 관찰한다.

상승은 없고, 은신하고 있는 물고기를 봤다면, 딱정벌레, 개미나 벌을 상류 똑바로 또는 약간 가로질러 캐스팅을 시도해 본다. 22ft(6.6m) 이하로 캐스트를 제한한다.

보통, 물고기는 상승해 첫 또는 두 번째 제공을 취할 것이다, 가끔 첫 캐스트에 플라이를 검사한 다음에 그의 은신처로 되돌아간다. 여러 번 물고기는 그 은신처와 플라이로 오가게 될 것이므로 플라이를 너무 빨리 물에서 뽑아 내지 않는다.

만약 물 밖으로 당기면, 그 물고기는 다음 프레젠테이션에서 관찰거절과 의심을 일으킬지도 모른다. 이 수역에서 드라이 캐디스 패턴으로 낚시하는 때는 상류에서 접근해서 가로질러 약간 하류로 캐스트 한다. 만약 하류에서 접근했다면 약간 위로 가로질러 플라이를 제시한다.

여름에는, 많은 다른 곤충들이 평온한 수역에서 탈피하고, 많은 낚시꾼들은 상승하는 물고기를 찾았을 때 미지(midge)는 고려하지 않는다.

그러나 비록 물에 제시하는 메이플라이 또는 캐디스플라이가 훨씬 많지만 물고기는 건강이 좋지 않거나 지체가 부자유스런 성충 미지를 취하게 될 때도 있다.

느린 들판 수역 답사에 육생곤충의 패턴을 사용한다. 가장 인기 있는 방법은 강이 내려다보이는 절벽과 급격한 둑의 가장자리의 몇 미터이다.

무릎-깊이 정도 물에서 물속으로 날아들거나, 기어들거나, 떨어지는 육생곤충을 기다리고 있는 물고기가 얼마나 많은지 놀랄 것이다.

육생들을 찾는 물고기는 상당히 먼 곳까지 돌아다닌다. 그래서 다른 것들이 하류에서 몰래 다가가는 동안 누군가 물고기를 지켜보는 것이 항상 최선이다.

그것이 있는 곳 대신에 그것이 있었던 곳으로 캐스팅하는 것은 전혀 소용이 없다.

스프링 크릭(Spring Creeks)

스프링 크릭은 가장 도전적인 기회를 제공한다. 그들은 잡초 둑과 장애물 위로 혼합된 흐름에는 투명한 흐름, 끊임없는 특색을 이룬다.

한 가지 알아 둘 것은 그 물에서 많은 시간을 보내는 것이다. 그들은 변덕쟁이다. 그래서 낚시꾼은 성공하기 위해 적응해야 한다.

스프링 크릭의 송어는 일반적으로 탈피 및 산란시기와 같은 곤충 활동에 적극적으로 매달리므로 눈에 띈다.

다리 아래뿐만 아니라 덤불과 나무 아래, 언더컷, 돌출부, 잡초 둑 근처나 안에 은신하고 있는 물고기를 찾는다.

그것은 인내심을 갖고, 크릭과 그 비밀을 배우는 달팽이의 속도로 관찰하고 몰래 들어가는 데 시간을 보내는 것이다.

웨트 플라이 낚시는 천천히 이동하는 수초들에 의한 복잡한 미세 흐름, 그리고 다양하고 복잡한 우화에 가장 도전적인 낚시 중의 하나이다.

결과적으로, 그것은 도처로부터 최고 플라이 낚시꾼을 끌어 들인다.

우화가 일어날 때, 정확한 곤충, 단계, 벌레의 성별조차도 어울리게 하는 것이 최선이다.

상승하는 물고기는 있지만 주위에 벌레들이 보이지 않을 때는 가장 많이 메이플라이를 모방한 소프트 해클 파트리지(Soft Hackle Partridge)와 페전트 테일(Pheasant Tail)로 낚시할 수 있다.

상승하는 물고기에게 하류로 던진다, 웨트 플라이 스윙을 불가능하게 만드는 풀 조각들이 떠다니는 계절인 여름에는 제외한다.

이와 같은 조건에서는 물고기와 맞은편에 자리 잡고 님프나 이머저처럼 소프트 해클을 데드 드리프트(dead

drift)로 낚시한다.

한 마리 물고기를 위하여 한 개의 플라이를 사용한다, 다른 플라이는 잡초나 풀을 붙잡는다.

드라이 플라이 순수주의자들의 맹독인 미세한 흐름은 소프트 해클을 괴롭히지 않는다.

또한, 하류로 낚시한 이후로 물고기는 티핏 조차도 보지 못했다. 6X나 7X 티핏을 사용할 필요도 없었다, 이것은 바로 스프링 크릭에서 웨트 플라이 기술이 뛰어난 곳의 한 예이다.

님프 낚시는 물고기에 노출되지 않으려고 상당히 떨어져 상류로 낚시해야 한다. 그 이유는 장거리 중간에 사이트 피싱(sight fishing) 하는 전략이다. 긴 리더와 함께 대단히 섬세한 프레젠테이션으로 가능한 한 작게 물을 교란시킨다.

1개의 님프만을 사용하는 것이 더 낫다. 둘은 1개 플라이의 표류로도 충분히 따라가기 어렵다. 이런 종류의 물을 감당하기 가장 효과적인 방법은 상승하는 물고기의 위아래로 작은 메이플라이 모조품을 던진다.

보편적인 플라이로 #16이나 #18 훅에 페전트 테일 님프(Pheasant Tail Nymph)를 추천한다.

만약 플라이 가까이에 갑작스러운 섬광이나 플라이를 덮는 그늘 같은 무엇인가 생기는 것이 보이면, 잡아챈다.

드라이 플라이 낚시는 스프링 크릭에서 드라이 플라이 낚시로는 대단히 도전적이기 때문에, 유능한 낚시꾼은 예측 가능한 곤충 활동에 대비해야 한다.

낚시하는 그날의 기상예보를 알아둔다. 서늘하고 안개 낀 날은 격렬한 메이플라이 우화(羽化)를 위한 최적조건이다.

작은 스프링 크릭에서는 거의 물을 건널 필요가 없다, 만약 건너야 한다면, 그것은 캐스팅을 위한 위치 잡는데 만 필요하다.

큰 스프링 크릭에서는, 종종 곤충에 상승하는 물고기를 따라 그들이 상류로 이동하는 것처럼 웨딩해야 한다.

항상 하류에서 상승하는 물고기에 접근해 그들 상류로 가로질러 캐스트 한다.

프리스톤 수역

프리스톤 수역은 좀 놀라운 일이 있다. 그곳은 런과 여울의 바닥이나 풀과 포켓에 숨어있는 물고기를 오픈북(open book) 같이 판독할 수 있고, 항상 많은 돌출부, 언더컷, 만곡부, 그리고 바위더미들이다. 그것은 빠른 산악과 느린 들판 수역에서 감쳐진 서식지를 포함하고 있다.

큰 수역은 이 낚시상황을 세분화할 수 있다.

프리스톤 수역의 수면으로 물고기를 데려오는 곤충이 없을 때, 여울, 런, 포켓, 풀, 만곡부, 그리고 돌출부에서 물고기를 찾는다. 이 수역은 항상 차갑고 마지막 일부 눈 녹은 맑은 물이다.

곤충 탈피는 더 일찍 따뜻해지는 더 큰 강은 이들보다 더 늦다. 우화는 늦은 눈이나 변덕스런 봄 날씨 때문에 예측할 수 없다.

이 모든 것은 어렵게 낚시 계획을 세우게 한다.

웨트 플라이 낚시 기술은 프리스톤 수역에 완벽하게 적용되는 소프트 해클로써 낚시한다. 만일 특정한 우화가 없으면, 하류로 #14를 사용한다. 비록 미지나 작은 메이플라이의 우화가 있을지라도, #14 블루 소프트 해클(Blue Soft Hackle)로써 고집한다.

님프 낚시 상황은 대개 산간 수역보다 크지만 같다. 프리스톤 수역은 본래 커다란 산악 계류이다, 물고기는 종종 둑 가까이 있음을 기억하면, 도달이 불가능한 중앙에 있는 포켓에만 집중할 필요는 없다. 고기들은 매우 종종 발끝에서 아주 가까이 있다. 그리고 만일 그들이 있지 않으면, 그들이 떠나게 겁을 주었기 때문이다.

프리스톤 수역에는 독특한 2가지 상황이 있다. 하나는 일정한 수심의 긴 런이고, 다른 하나는 종종 초보자를 혼란시킬 수 있는 규모로써 거대한 풀(pool)이다. 2~3ft(60~90cm) 수심과 중간 흐름을 가진 긴 런(Run)이다.

물고기가 상승하고 있을 때에 최고의 장소를 잡는 것은 아주 쉽지만, 수면 활동이 없을 때는, 물 읽기가 어려울 수 있다.

님프 낚시는 2차원 아니면 3차원에서 물 읽기에 관련한 훈련이라고 생각한다. 그래서 이런 종류의 물에서, 물고기에 식량을 비축할 수 있는 수심의 어떤 잠수한 바위나 어떤 변형을 꼭 찾아야 한다. 또 다른 표증은 바닥의 색깔이다. 검은 바윗돌은 하단이 성숙한 하찮은 말로 덮였고, 말은 라버(larvae)와 퓨퍼(pupae)를 위한 완벽한 서식지를 제공하고 항상 물이 흐르는 장소이다,

모래나 대단히 가볍고 깨끗한 돌멩이들 바닥은 자주 건조되는 나쁜 서식지이며 식량을 제공하지 못하는 장소이다.

한번 멋진 곳에 자리 잡고, 최고의 방법인 짧은 라인으로써 다운스트림 낚시 방법인 정통 체코 님프를 한다. 멀리 둑을 향해 이동하면서 전체 폭으로 낚시한다. 그런 다음 약 10 ft(3 m) 하류로 갔다가 반대 방향으로 낚시하며 돌아온다.

고기를 놀라게 하는 기회를 줄이면서 이 물을 감당하는 또 다른 방법은 스트라이크 인디케이터로써 낚시

한다. 이것의 단점은 평지 수역의 님핑에서 설명했다.

작은 폭포가 있는 커다란 풀에서 낚시하는 경우 좋은 접근법은 보통 작은 물고기를 발견하게 될 꼬리에서 출발한다. 물은 아주 얕을 것이다.

그래서 가벼운 님프 2개 또는 드라이 플라이 1개와 님프 1개를 사용한다. 채비 구성은 드로퍼에 1개의 드라이 플라이와 포인트 플라이로 1개의 님프이며 그들 사이는 2 ft(60 cm) 정도 이다.

드라이 플라이는 높은 시인성이 있어야 한다.- 예를 들면, #14 페전트 테일 님프 또는 헤어스 이어 님프를 제시한다.

풀의 깊은 부분에서는, 포인트 플라이로써 더욱 무거운 님프를 묶고 드로퍼에는 작은 님프로 바꿀 수 있다. 이 채비는, 입질 간파를 돕는 리더에 형광성 나일론 조각을 삽입시키는 것이 좋다.

일단 풀의 깊은 부분이 끝나면, 풀의 머리로 나아갈 수 있다. 이곳은 거의 물고기가 잡히지 않는 것처럼 보이는 빠른 흰 파도는 초보 낚시꾼에게 가장 위협적인 물이지만, 이 물에 종종 최대로 큰 물고기가 은신하고 있다. 여기에 크고 무거운 님프 하나만 선택한다.

흰 파도 혹은 폭포 아래에서 님프 낚시할 때, 먼저 주 흐름이 항상 부서지는 곳에서 좀 더 느린 흐름을 찾아야만 한다.

자연스러운 표류를 만들려고 애쓰지 말고, 자주 플라이가 뜻하지 않는 장애에 걸릴 것이므로 항상 통제 유지가 되도록 한다.

이 물에 낚시하는 방법은 커다란 스톤플라이 님프를 묶어서, 라인에 약간의 장력을 유지하고, 바닥을 느낄 때까지 플라이를 가라앉힌 다음 조금씩 트위칭 한다. 플라이를 바닥에 튀어 오르게 하고 장애물에 걸림을 피하게 한다.

최고의 바늘은 바닥에 플라이가 장애물에 걸림을 감소시키고 머리측이 아래로 작용하는 지그(jig)이다. 해클을 돌려 감은 몸통 또는 헤어즈 이어(hare's ear)를 더빙하여 부피를 키운 플라이도 바닥 장애물에 걸림을 또한 줄인다.

드라이 플라이 낚시는 이런 유형의 물 탐색을 위해서 낚시꾼은 항상 약간 높이-뜨는 드라이 플라이를 갖고 싶어 한다.

그것을 모방한 메이플라이, 캐디스, 그리고 스톤플라

이를 기본적으로 선택해 휴대한다. 또 육생곤충도 조금 휴대한다.

상류로 캐스트하고, 짧게 제시하며, 데드-드리프트(dead-drift)로써 느슨한-라인(slack-line)을 던진다.

접근할 때 가장 효과적인 방법은 이것 가까이 일어나는데 "댑핑(dapping)"은 미끼를 수면에 띄웠다 가라앉혔다 하는 것을 일컫는다.

나무 밑이나 둑을 따라 살금살금 걸어서 굽이진 외측 부분의 가장 깊은 곳을 탐색할 때는 낮은 자세를 유지 한다. 이것은 텐카라에 완벽한 것이다.

나무에서 떨어진 육생곤충에 캐스팅 하지 않고, 상승하는 물고기 앞쪽 물에 플라이, 티핏, 그리고 리더 만

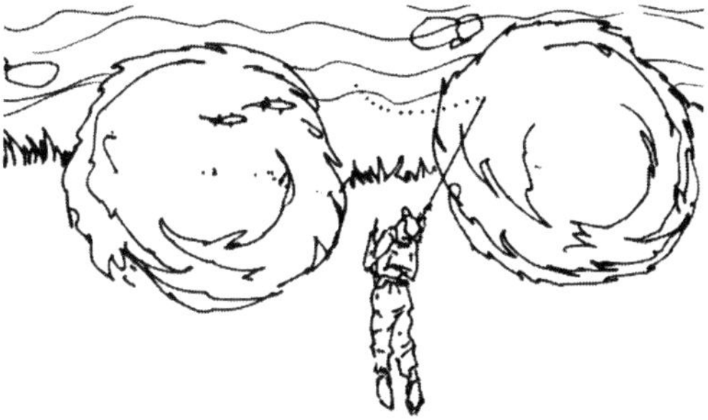

댑핑(dapping)

으로 댑(dap)할 수 있다.

이런 유형의 물에서, 메이플라이 활동 동안 각 풀과 포켓에서 상승하는 많은 물고기를 볼 것이다. 만약 탈피하는 메이플라이에 상승하는 물고기를 낚고 싶다면, 상승하는 물고기 아래 10~15ft(3~4.5m)에 자리를 잡고, 물고기가 무엇에 상승하는지 지켜 본 다음 정확히 캐스트 한다.

이들 물고기는 대단히 좁은 취식통로에서 올라 올 것이므로 표적에 적중해야 한다.

프리스톤 수역에서는 물에 떠있는 상태를 유지하기 위해 보조 재료가 거의 필요하지 않은, 물에 뜨고 눈에 잘 띄는 캐디스 패턴을 선택한다.

X-캐디스는 물고기가 인지하고 실제로 취하는 단계, 건강이 나빠지거나 다리를 저는 캐디스를 흉내 내고, 코르크처럼 뜨고, 보기가 쉽다.

스톤플라이는 보통 모든 프리스톤 수역에 제시된다. 그리고 물고기가 자연 그대로의 것들에 상승하고 있을 때는 언제든지 스톤플라이 패턴은 낚시에 준비되어 있어야 한다.

하지만 늦여름에는 프리스톤 수역에 육생곤충 낚시

는 비교가 되지 않는다.

겨울이 다가옴에 따라, 물고기는 거의 모든 육생곤충의 패턴, 나비, 벌, 귀뚜라미, 그리고 메뚜기까지 기꺼이 취한다.

물속으로 떨어진 곤충을 보려고 물고기가 기대하는 돌출부와 가장자리에서 낚시한다.

드랙없는 프레젠테이션으로 짧은 라인에서 모든 물, 취식통로, 시임(seam), 그리고 포켓을 찾는다.

호수와 못

호수, 못, 그리고 수렁은 어떤 다른 유형의 물보다 낚시꾼에게는 플라이 낚시로 큰 물고기들을 잡을 기회가 될 것이다.

호수에서 탐색할 때, 벼랑, 수초군, 호수 안으로 전개되는 육지의 특정 색깔 등을 찾는다.

그리고 자갈 장애물과 모래톱. 돌출된 나무와 쓰러진 고목은 훌륭한 식량원과 물고기에 안전지역을 제공한다,

또한 가장 큰 고기는 가장 안전한 은신처 가까이 있을 것을 잊지 말아야 한다.

호수 안에 물고기들은 식량과 최고의 은신처를 찾아 이동한다. 항상 둑은 천천히 걷는다.

그리고 회유하는 물고기 위치를 찾는데 물가의 은신처를 사용한다.

물고기가 이동하는 때와 장소, 그들의 안전지역이 있는 장소를 배우기 위해 하루 중 다른 시간에 물에 있어야 한다.

식량을 위해 이동과 순찰하는 물고기에 의해 생성되는 과민한 물에서는 낚시꾼의 흔적 앞에 잘 던지고 스트리머를 빠른 스트립(strip)하거나 접근할 때는 드라이 플라이를 트위치하는 것이 핵심이다.

낚시꾼들은 웨딩 또는 플로팅 튜브(floating boat), 폰툰 보트(pontoon boat)로 스틸 워터(still water)에 낚시할 수 있다.

웨트 플라이 낚시는 호수에 있는 물고기에 주요 양식이 될 수 있는 거머리들을 모방한다. 그들을 던지고, 가라앉혀서 짧게 스트립(strip) 하는 사이에 일시 정지가 있는 느린 스트립으로 낚시한다.

플라이는 헤엄치는 거머리처럼 파상운동을 하는 것이 요구된다. 거머리 패턴은 앞이 무겁게 되어 있는지 반드시 확인한다.

모든 호수에는 카이로노미드(chironomid. midge)가 있고, 매우 활발히 해엄치는 것처럼 트위치로써 낚시하는 소프트-해클 미지 패턴은 대단히 효과적인 기술이다.

수면으로 #22 붉은-몸통 소프트 해클을 취하려고 상승하는 물고기를 지켜본다.

만일 캐디스가 있으면, 트위치한 소프트-해클 캐디스 패턴은 자연스런 표류에 떠있는 드라이 플라이 보다는 더욱 효과가 있을 것이다.

곤충들이 별로 없다면, 가벼운 티핏에 2개 플라이로 시도하고, 포인트 플라이는 무거운 비드 헤드를 사용한다. 서 있을 때까지 가라앉게 한 다음 작은 스트립으로 수면으로 가져온다.

님프 낚시로 호수에서 낚시할 때. 호수와 못 주위를 정찰하는 것이 필수이다. 만일 바람이 불고 있으면, 대부분의 식량이 바람의 활동에 의해 잡히는 것처럼, 호수나 못은 보통 바람이 불어가는 쪽이 최고이다. 2~3개 님프를 사용하는 것은 더 많은 물을 감당할 것이다. 스커드(scud) 모조품을 사용할 때는 거의 정지한 라인으로써 낚시한다. 플라이는 가능한 한 멀리 던져서 바닥에 닿게 한다. 그 후에 물고기가 더욱 잘 볼 수 있게 때때로 조금 트위치 한다.

실잠자리 님프나 다른 헤엄치는 님프로 낚시할 때, 중간급이나 가라앉는 라인을 사용하는 것은 유용한 접근방법이다. 플라이가 물에 닿고 안정된 회수를 시작하기 전에 도달하는 깊이를 아는 방법으로 5까지 카운트한다.(하나, 둘, 셋, ... 등).

만일 카운트하면, 다음 캐스팅에 깊이를 재현할 수 있다. 카운트를 못 했다면, 다음 캐스팅에 7~8까지 센다. 물고기가 있는 깊이를 찾을 때까지 셈을 증가시키며 반복한다. 그 이후에 이 깊이에 다양한 회수만으로 낚시를 한다.

드라이 플라이 낚시를 원하면, 메이플라이, 미지, 캐디스, 육생곤충, 실잠자리, 잠자리 등을 준비한다. 이 곤충들이 활동하는 때 물에 있어야 한다. 그리고 그들은 수면에 물고기를 데려 올지도 모른다. 소수 낚시꾼들은 생쥐 패턴을 시도한다.

드라이 생쥐 플라이는 때때로 특히 저녁 늦게 제일 어두운 시각에 수면활동을 할 수 있다.

때때로, 드라이 플라이들로써 이들 수역 탐색이 비록 곤충활동이 수면에 물고기를 데려오는 일이 없을지

라도 재현할 수 있다. 개미, 딱정벌레, 벌, 또는 메뚜기를 물로 데려오는 돌출된 나무지역 또는 덤불이 무성한 둑을 따라 육생곤충을 시도한다.

만일 플로팅 튜브나 보트에서 낚시하면. 낚시꾼은 반드시 발길질 위치에 의해 플로팅 튜브나 보트에서 파도가 발생되지 않도록 해야 한다.

캐스팅 실패를 최소로 하고 상승하는 물고기는 플라이를 취하려고 취식통로에서 이동하지 않을 것이므로, 프레젠테이션이 목표 지점에 있는지 확인한다.

항상 캐디스 우화 때 낚시는, 잘 뜨고 스치듯 끄는 X이나 X2 캐디스 같이 껍데기를 달고 다니는 건강이 나빠진 캐디스 성충을 사용한다.

상승하는 물고기의 정면에 이 드라이 플라이를 던지고 6~12"in.(15~30cm) 스트립으로 취식통로 속으로 그것을 끊어 친다.

호수와 못에서, 미지는 다른 어떤 곤충보다 많은 물고기를 양육한다. 그리고 정체된 물에서 상승하는 물고기를 보는 때, 플라이 목록의 맨 위에 있을 것이다. 대개 미지 활동은 맑은 날 가장 따듯할 때에, 오후 6시쯤 저녁 늦게 발생한다.

다리를 절거나 건강이 나쁜 미지 성충 또는 탈피하는 번데기를 이용한다. 그리고 상승하는 물고기의 30~35 ft.(90~105 cm) 이내에서 하는 이 타입의 낚시를 위해 릴낚싯대를 사용할 필요가 있다.

미지에 상승하는 대물 물고기는 종종 몇 피트 마다 이어져 상승하고, 이들 물고기들은 적당한 프레젠테이션에 최고로 반응할 것이다.

그들은 음식을 먹는 리듬에 맞혀서 피트 마다 성충을 취한다. 그들은 껍데기에 붙잡혀서 다리를 저는 성충 미지를 먹는다.

물고기가 자연스럽게 경쟁하듯이 경쟁 속으로 들어간다. 그것은 유일한 집단사격작업 시간이다. 상승하는 물고기의 통로에 캐스팅 한다. 6X 티핏을 보호하기 위해 부드럽게 낚아챈다.

캐스팅을 한 이후에 기억해야하는 것은 티핏에 느슨한 부분을 제거하기 위해 라인을 천천히 당기는 것에 충분한 시간을 주어야 한다. 플라이가 정면 주변에 오게 한다. 이것을 실패하면 플라이는 스틸 워터 즉, 정수(靜水)에서도 드랙은 발생된다.

전통과 적응

전통적인 덴카라 패턴

사카사 게바리는 덴카라 플라이의 아이콘이다.

그것은 덴카라 플라이의 전통적인 역 해클이고, 대다수의 덴카라 낚시꾼들이 좋아한다.

대부분의 덴카라 패턴과 마찬가지로, 이 플라이는 드라이나 웨트로 낚시할 수 있고 일반적으로 아주 쉽게 묶을 수 있다.

이시가키 게바리

- 훅 : 미늘 없는 드라이 플라이 #14~18.
- 실 : 검은색 재봉실.
- 해클 : 파트리지(partridge) 해클은 훅의 아이에서 1/3

지점에서 훅 아이 앞으로 묶여진다.

- 몸통 : 훅 앞쪽으로 약간의 오름 진행으로 검은색 재봉실의 홀쭉한 층을 만든다.

아마노 게바리

- 훅 : 오비스 1877이나 동등한 #12~16.
- 실 : 크림색 6/0. 몸통 : 크림색 6/0 실.
- 해클 : 얼룩덜룩한 갈색 파트리지 해클 끝. 훅의 허리로부터 2/3에 묶는다. 훅 아이와 해클 사이는 크림색 실로써 채운다.

덴카라에 적응된 일부 서양 플라이 패턴 로얄 사카사 게바리

- 훅 : C49s 머스타드 스커드 훅 #12.
- 몸통 : 6/0 유니-스레드 피콕 헐과 붉은 밴드Pearsall

의 Gossamer 실크 스레드.

- 해클 : 헝가리 자고새 회색 깃털.

올리브 버블 게바리

- 훅 : C49s 머스타드 스커드 훅 #12.
- 몸통 : 6/0 올리브색 유니-스레드 중간크기 은색 라이닝 유리 비드.
- 해클 :헝가리 파트리지 회색 깃털.
- 칼라 : 피콕 헐(peacock herl)

그린 호닛(Green Hornet)

- 훅 : C49s 머스타드 스커드 훅 #12.
- 해클 : 헝가리 파트리지 회색 깃털 에 두 가닥 펄 색깔이든 크리스털 플래시.

* 몸통 : 6/0 유니-스레드 올리브색

갈색 해클 피콕(Brown Hackle Peacock)

* 훅 : 머스타드 시그너춰 S80-3906 3XH/STD, 님프 sproat bend hook.
* 실 : 8/0 담황색(camel brown).
* 해클 : 갈색 수탉 해클 깃털.
* 몸통 : 피콕 헐. 늑골 : 가는 금색 와이어.

스타링(Starling/찌르레기) Black Ant Wet Fly

* 훅 : #12 머스타드 시그내춰 C49s 스트레이트 아이 커브드 캐디스 훅,
* 실 : 6/0 검은색 유니-스레드.
* 해클 : 스타링 해클, 검은색 실로 강화한 늑골

- 몸통 : 검은색 실.

유타 킬러 버그(Utah Killer Bug)

- 훅 : 티엠코 2459 캐디스/스커드 #14.
- 실 : 유니 스레드 6/0 검은색.
- 몸통 : 얀(Yarn/방적사) 셰틀랜드 물보라 굴 색.
- 와이어 : 가는 중간 빨간색.

라이트 브라이트 사카사 게바리

- 훅 : #12 Daiichi 1250.
- 실 : 6/0 유니 스레드 어두운 갈색.
- 몸통 : Wabbit 노랑색 더빙
- 해클 : Brahma 암탉 소프트 해클.

킬러 게바리

- 훅 : #14 Daiichi 1190.
- 실 : 가는 구리선
- 몸통 : Jsmieson의 세틀랜드 방적사 한 겹
- 해클 : 암꿩 소프트 해클.

Origami Winged Dry Fly

- 훅 : 오비스 드라이 플라이 1877 #12~18.
- 실 : 올리브, 옐로우, 브라운 중 선택, 3/0.
- 몸통 : 올리브, 노랑, 갈색 중 선택.
- 날개 : 하나의 해클 깃털(올리브, 노랑, 갈색).

용어해설

· 님프(nymph) : 수생곤충의 유충단계에서 기거나 굴을 파는 흉내 내며, 물에 가라앉으므로 웨트 플라이라고도 한다.

· 님핑(nymphing) : 님프 플라이로 낚시하는 것, 물고기가 수생곤충의 유충을 덮칠 때를 지칭함.

· 댑핑(dapping) : 플라이 훅을 수면에 살짝 살짝 튕겨주어 실물 곤충이 수면에서 퍼덕이듯 보이게 히는 테크닉.

· 더빙(dubbing) : 천연소재나 인공소재의 잔털을 손가락으로 비벼 실에 꼬아 붙여 생크에 감아서 몸통을 만드는 법.

· 던(dun) : 하루살이의 아성충 단계로 비행이 자유롭지 못해서 쉽게 물고기의 먹이가 된다.

· 데드 드리프트(dead drift) : 자연스런 흐름에 맡겨 플라이를 하류로 흘리는 것. 플라이는 자연스럽게 움직이지 않음을 의미한다.

· 드라이 플라이(dry fly) : 수면에 뜨는 유형의 플라이 총칭. 드라이 플라이로 낚시하면 물고기들이 물속을 헤엄쳐와 플라이에 덤비는 순간을 볼 수 있다.

· 드로퍼(dropper) : 낚시 효율을 높이며 리더에 추가 연결하여 2개 이상의 플라이를 다는 법.

· 드랙(drag) : 수면이나 수중의 플라이가 몇 가지 요인에 의해 부자연스런 흐름을 보이는 것.

· 드리프트(drift) : 물 흐름에 플라이를 흘려보내는 것, 데드 드리프트와 동일한 의미로도 쓰임.

· 디어 헤어(deer hair) : 사슴의 털로 속이 비어 있어 부력이 좋고 전체적으로 굵다.

· 라버(larva) : 캐디스, 미지 등의 알에서 부화한 유충이나 애벌레 또는 그것을 흉내 낸 플라이.

· 라이즈(rise) : 물고기가 수면 바로 아래에서 또는 수면에서 먹이를 취할 때 생기는 파문, 또는 그 행동.
계류에 도착하면 가장 먼저 살피는 것 중의 하나가 라이즈의 유무이다. 라이즈하는 정도에 따라 그 날의 활성도를 예측한다.

· 라인 드랙(line drag) : 물의 흐름이나 바람에 의해 라인이 이끌려 플라이가 부자연스런 움직임을 하게 되는 현상, 이때는 라인에 슬랙을 주거나 멘딩으로 어느 정도 방지가 가능하다.

· 런(run) : 여울과 풀(pool)을 연결하는 부분, 흐름이 충분히 적당하고 대피소로 가장 적당한 곳이기 때문에 격류지대보다는 상대적으로 완만한 물 흐름을 보이므로 송어의 이상적인 서식지이다.

· 루프 투 루프(loop to loop) : 양끝에 루프가 달려 있는 라인,

리더을 접속하는 방법.

· 리더(leader) : 라인과 플라이 사이의 투명한 모노필라멘트로 티핏을 덧대어 연결하기도 한다.

· 리치 캐스트(reach cast) : 리더나 라인 일부를 플라이보다 상류나 하류 쪽으로 떨어뜨려 라인 벨리를 형성시켜 드랙 방지하는 개스팅 테크닉.

· 리플(riffle) : 수면이 잘게 일렁이고 흐름이 빠른 곳, 자갈과 돌이 뒤덮여있다. 이 지역에서는 송어가 거의 수영하지 않는다.

· 매치 더 해치(match the hatch) : 현장에서 우화하는 곤충에 맞춰 플라이를 선택하라는 뜻,

· 메이플라이(mayfly) : 하루살이라 하고, 캐디스나 스톤플라이 등과 함께 계류에서 중요한 비중을 차지하는 플라이 패턴 중 하나이다.

· 멘딩(mending) : 보통 물살 중심 부분 흐름이 가장자리보다 빠르기 때문에 플라이 라인의 일부가 먼저 떠내려가 플라이가 부자연스럽게 되는 현상이 드랙이다. 이것을 방지하기 위해 라인을 들어 올려 위치를 수정하는 행위.

· 모노필라멘트(monofilament) : 흔히 보는 투명한 낚싯줄이고, 플라이 낚시에서는 리더와 티핏으로 사용한다.

· 미노우(minnow) : 일반적으로 손가락 크기 미만의 소형어로 대형어의 먹이가 되는 것을 모방한 플라이를 지칭한다.

· 미지(midge) : 모기, 깔따구 등의 작은 날벌레, 이것을 모방한 초소형의 플라이.

· 바브레스 훅(barbless hook) : 미늘이 없는 바늘, 미늘의 저항이 없어서 적은 힘으로도 물고기의 입에 잘 박히기 때문에 챔질 성능이 우수하다.

· 벅 테일(bucktail) : 사슴의 꼬리를 소재로 만든 스트리머의 일종, 또는 그 재료의 명칭.

· 베이트 피시(bait fish) : 육식어종의 먹이인 작은 물고기.

· 브러드 노트(blood knot) : 직경이 비슷한 2개 모노필라멘트 라인을 이을 때 사용되는 매듭.

· 비드 헤드(bead head) : 님프나 웨트 플라이에서 가슴을 강조하는 동시에 무게를 늘려 빨리 가라앉게 이용되는 금색이나 은색의 금속 구슬.

· 서전 노트(surgeon knot) : 쉽고 간편해서 자주 애용되는 매듭으로 직경이 다르더라도 튼튼히 연결할 수 있다.

· 서페이스 필름(surface filrm) : 표면장력에 의해 생긴 수막이라고 할 수 있다.

· 셔닐(chenille) : 곤충의 몸체를 표현하기 위한 털실, 레이온, 울, 나일론 등의 소재로 만든다.

· 수생곤충(aquatic insect) : 일생 중 어느 정도의 기간을 수중에서 보내는 곤충으로 날도래, 강도래, 하루살이 등이 대표적이다.

· 스커드(scud) : 새우 혹은 그것을 흉내 낸 플라이.

· 스톤플라이(stonefly) : 강도래라하며, 하루살이와 날도래와는 달리 뭍으로 기어 나와 탈피한다.

· 스트라이크 인디케이터(strike indicator) : 물고기가 입질을 할 때 눈으로 확인하기 위해 리더나 티핏에 다는 눈표로 님프 낚시에 많이 쓰인다.

· 스트리머(streamer) : 작은 물고기, 거머리 등을 흉내 낸 플라이.

· 스틸 워터(still water) : 일반적으로 호수나 저수지 같은 곳. 때로는 잔잔한 수면의 물 모양을 통칭할 때 사용함.

· 스트립(strip) : 릴로 감는 대신에 낚싯대 끝을 이용해서 플라이의 액션 또는 '생명"을 주기위해 라인을 짧게 당긴다. 낚싯대로 작고 섬세한 트위치를 하면 동일한 효과를 얻을 수 있다.

· 스프링 크릭(spring creek) : 용천수가 수원인 강.

· 스플릿 샷(split shot) : 님프 낚시 때 빨리 가라앉히기 위해 사용하는 작은 납덩이를 말하며 부착이 쉽게 배를 갈라 놓았다.

· 스피너(spinner) : 매이플라이의 제2 성충단계로 던(dun)이 한번 더 탈피하여 완전하게 모습을 갖춘 성충 또는 그것을 흉내 낸 플라이. 루어 낚시에서는 금속편의 루어로써 물의 저항을 받아 회전하게 만들어졌다.

· 슬랙 라인 캐스트(slack line cast) : 캐스트의 일종, 라인은 연속된 SSS자 형태의 커브가 되어 착수한다.

· 시임(seam) : 빠른 물살과 그 외곽이 상대적으로 완만한 물살의 사이인 이곳은 활동력이 강한 계류어가 본격적으로 먹이 활동을 하는 곳.

· CDC (curl de carnard) : 오리엉덩이의 부드럽고 보송한 깃으로 자체에 천연의 방수, 부력성분이 있어서 부드러운 착수와 흐름을 보이는 드라이 플라이, 또는 수면막에 걸린 이머저의 몸통을 만드는데 주로 사용된다.

· 액션(action) : 플라이 로드의 유연성과 파워를 표현하는 말로써 슬로, 미디엄, 패스트 등으로 구분된다.

· 어트랙터 플라이(attractor fly (pattern) : 곤충의 실물보다는 물고기의 호기심이나 공격성을 자극하기 위해 만든 화려한 계통의 플라이.

· 업 스트림(up stream) : 상류 쪽을 바라보며 낚시를 하는 것, 또는 상류로 올라가면서 낚시를 하는 것. 반대말로 다운 스트림이 있다 그림자의 방향이나 계곡의 여건, 선행자의 여부 등을 고려하여 결정한다. 일반적인 상황에서는 업 스트림으로 낚시를 한다.

· 에디(eddy) : 큰 바위, 큰 나무등걸, 바, 수초 등의 장애물 뒤에 생기는 불규칙한 물의 흐름.

· 엘크(elk) : 북미에서 주로 서식하는 현존 최대의 사슴으로

몸집이 말보다 크다. 엘크의 털은 속이 비어있어서 이것을 낚싯바늘에 감아으면 훌륭한 타잉 재료가 된다. 가장 많이 소모되는 플라이 재료로써 캐디스를 만들 때 주로 사용한다. 자체 부력이 좋아 부력제를 바르지아도 잘 뜨고 시인성이 높다.

· 울리 엄(wooly worm) : 싱킹 플라이의 일종으로 해클은 털이 부슬부슬한 형태로 감아 마치 송충이처럼 보인다.

· 웨이더(wader) : 방수 장화, 가슴까지 오는 것과 허리까지 오는 것, 허벅지까지 오는 것으로 나뉜다.

· 웨이크 플라이(wake fly) : 로얄 울프, 울리 웜, 스티뮤레이터 등이 대표적이며 수면을 가로질러 당겨주거나 튕겨주는 액션을 가해서 물고기의 눈길을 끌수 있는 플라이.

· 웨트 플라이(wet fly) : 수면 바로 아래나 수중에서 발견되는 다양한 수서곤충을 표현한 플라이.

· 윈드 노트(wind knot) : 캐스팅하는 중에 플라이 라인이나 리더에 생기는 매듭으로 바람이나 잘못된 캐스팅으로 발생한다. 티핏에 윈드 노트가 생기면 물고기를 걸었을 때 끊어질 가능성이 크므로 자주 티핏을 확인하고 일단 윈드 노트가 생기면 과감히 잘라내어야 한다.

· 인디케이터(indicator) : 주로 님프 낚시할 때 사용된다. 물고기의 입질을 감지하거나 플라이 훅을 일정한 수심층에서 흐르도록 유도허기 위해 부력과 시인성이 뛰어난 소품으로써 리더에 붙여 쓴다.

· 지그헤드 훅(jighead hook) : 훅 끝이 위를 향하도록 납덩어리를 달아 놓은 훅.

· 캐디스플라이(caddisfly) : 날도래이며, 산간 계류에 널리 분포하는 수생곤충으로 하루살이, 강도래와 함께 계류 생태계에 중요한 역할을 한다. 엘크의 털로 캐디스를 만드는데, 가장 만들기 쉽고 전천후 다목적으로 쓰이는 플라이 이다.

· 캐치 & 릴리스(catch and release) : 낚은 물고기를 상처 나지 않게 조심스럽게 원래의 위치로 방류하는 행위로 플라이 피싱이 추구해야 하는 자연 친화적인 행동이다.

· 커런트 텅(current tongue) : 물 흐름을 볼 때, 중앙 부위에 선형으로 빠르게 흘러내려오는 부분을 말함.

· 커버(cover) : 물고기가 숨을 수 있는 조건을 갖춘 은신처, 장애물, 수초대나 물속의 은폐물 등이 해당된다.

· 커브 캐스트(curve cast) : 왼쪽 또는 오른쪽으로 휘어지는 캐스트로 통상 포워드 캐스트의 일종.

· 컴파라 던(compara-dun) : 해클 없이 엘크 헤어로 부챗살 모양의 윙을 수직으로 세워주어 수면 막에 뜬 플라이.

· 컴파운드 해치(compound hatch) : 마스킹 해치(masking hatch)라고하며 작은 곤충과 그 보다 크고 밝은 색의 곤충들이 동시에 우화하게 될 때, 작은 곤충들의 해치가 크고 밝은 색의 곤충들의 해치에 시각적으로 가려지는 경우를 말한다.

· 클린치 노트(clinch knot) : 플라이 훅을 티핏에 연결할 때 주로 사용하는 매듭 방법.

· 클리퍼(clippers) : 플라이 라인, 리더, 티핏을 자르는 소도구.

· 카이로노미드(chironomid) : 깔따구를 특칭하거나 모방한 플라이 패턴. 깔따구 번데기(chironomid pupa)를 가리킬 때 주로 사용함.

· 태클(tackle) : 낚시에 사용하는 도구 전반의 호칭.

· 테레스트리얼(terrestrial) : 메뚜기, 개미, 나비, 멀, 갑각류 등의 육생곤충.

· 트위치(twich) : 로드 팁이나 라인의 스트립으로 만드는 플라이의 작은 움직임.

· 티핏(tippet) : 리더의 선단에 연결하는 나일론 모노필라멘트. 직경을 나타내는 X 앞에 붙는 숫자가 클수록 가늘다.

· 틴설(tinsel) : 반짝이 실, 금색 실이나 은색 실을 의미하며 플라이의 몸통 등에 감아서 자극적인 기능을 한다.

· 파운드 테스트(pound test) : 라인, 리더, 티핏 등의 강도를 표시하는 단위. 파괴강도 또는 테스트라 부르기도 한다.

· 파일럿 훅(pilot hook) : 본격적으로 낚시하기 전 계류어의 활성도를 살펴보기 위해 주로 캐디스를 쓴다.

· 포인트 플라이(point fly) : 2개의 훅을 사용하는 경우, 아래에 달려 드로퍼를 선도하는 훅.

· 포켓(pocket) : 여울이나 바위 같은 장애물에 의해 형성된 바닥이 움푹 팬 곳.

· 포켓 워터(pocket water) : 포켓의 연속구간.

· 폼 라인(form line) : 거친 수면, 바람, 조류에 의해 생긴 일련의 거품 선, 물고기는 자주 그 밑에 다가와 먹이를 취한다.

· 폴리 얀(poly yarn) : 합성소재로 만들어진 탈실로 주로 드라이 플라이의 윙 소재로 이용됨.

· 퓨퍼(pupa) : 완전변태를 하는 수생곤충의 번데기 또는 그 상태를 흉내 낸 플라이.

· 프레젠테이션(presentation) : 플라이를 날려 물에 앉혀 물고기가 입질하도록 유도하는 전 과정.

· 프리스톤 스트림(freestone stream) : 산으로부터의 빗물과 눈 녹은 물을 수원으로 비교적 경사와 흐름이 급하고 큰 바위와 돌이 많은 하천.

· 플랫(flat) : 호수, 강, 바다의 얕은 곳, 수면은 비교적 잔잔함.

· 플로턴트(floatant) : 플라이 라인, 리더, 플라이가 물에 잘 뜨도록 하기 위한 위해 바르는 부력제.

· 플로트 튜브(float tube) : 벨리 보트이며 1인용 낚시 보트.

· 픽업(pickup) : 백 캐스트하기 전에 라인, 리더, 플라이를 라인과 로드를 이용하여 수면에서 들어 올리는 것.

· 해치(hatch) : 수생곤충의 유충이나 번데기가 아성충 또는

성충이 되는 과정, 수면으로 헤엄쳐오거나 연안으로 기어 올라와 날개가 생겨 완성된다. 이때 물고기가 먹이를 취하려 활발히 움직이며 드라이 플라이 사용은 절호의 찬스이다. 우화 또는 부화라고도 한다.

· 해클(hackle) : 닭의 목이나 꼬리 부분에 나는 깃으로, 낚시바늘에 빙 둘러 감아 곤충의 다리나 날개 등을 표현한다. 타잉에서 해클은 매우 중요한 비중을 차지하기 때문에 다양한 무늬의 해클을 준비하는 것이 좋다.

· 헤드 시멘트(head cement) : 헤드에 마감 매듭을 한 후 매듭이 풀어지지 않도록 바르는 접착제.

· 호핑(hopping) : 새우가 깡충깡충 뛰어 도망가듯 플라이를 움직여 주는 기법.

· 훅 생크(hook shank) : 플라이의 훅 아이부터 훅 벤드가 시작되는 직선부분이며, 보통 이곳에 플라이 재료를 감아서 플라이의 가슴, 배를 만든다. 생크의 상대적 길이는 XS~XL 등 여러 종류가 있다.

맺음말

덴카라 낚시는 아마도 모든 사람을 위한 것은 아니지만 누군가를 위한 낚시경험을 풍부하게 할 가능성이 있습니다.

당신은 아마도 지금쯤 이 책 전체를 통해서 다양한 통찰을 보았고 덴카라 낚시의 가능성에 대한 새로운 관점을 갖게 될 것입니다.

덴카라 낚시를 시작하는데 필요한 단순함은 전통적인 서양 플라이낚시에 비해 훨씬 단순하므로 언제든지 적응할 수 있습니다.

그것을 즐기면서 자연스럽게 따라올 단순함과 물고기를 잡는 효과를 즐기십시오.

"덴카라"라는 단어는 "하늘에서"를 의미합니다.

그것은 당신을 물과 그 안에 사는 물고기와 친밀한 관계로 인도합니다. 그것은 확실히 당신을 더 나은 플라이 낚시꾼으로 만들 것입니다.

덴카라 낚시는 플라이 낚시를 단순화한 것이다. 플

라이 낚시에 적용된 미니멀리즘(minimalism)이다. 덴카라가 마법이라고 기대하지 마십시오. 그것은 바로 플라이 낚시입니다.

현장에서 가장 중요한 매듭은 여러 가지가 있지만, 한 가지 일지라도 확실히 연습하고 익혀서 희미한 빛 속에서 차가운 손으로 묶을 수 있어야 합니다.

마지막으로 필요한 낚시용품과 출판에 흡족한 행복지수를 높여준 에이스 피싱 이민일 사장님과 도서출판 북스힐 조승식 사장님께 진심으로 감사드립니다.

참고문헌

Yvon Chouinard, Craig Mathews,

Mauro Mazzo, "SIMPLE FLY FISHING" 2014.

John RS Allen, "TENKARA Fishing Ancient and Modern" 2014.

Morgan Lyle, "TENKARA TODAY" 2019.

David E. Dirks, "Tenkara Fly Fishing" 2013.

Lelio Zeloni, "TENKARA E BAMBU" 2018.

Wilhelm Charwat, Thomas Friedrich Bauer, "Tenkara Flyfishlng" 2020.

Rich Osthoff, "Active Nymphing" 2006.

Jonathan White. "NYMPHING" 2016.

George Daniel, "DYNAMIC NYMPHING" 2015.

John Symonds, "HOW TO FLYFISH" 2014.

Geaffrey Budworth, "Practical Fishing Knots" 2010.

Rick Takahashi, Jerry Hubka, "Morden Midges" 2009.

Izaak Walton, "The Compleat Angler" 2014.

원두희, 권순직, 전영철, "한국의 수서곤충" 2008.

쉽게 배우는 플라이 낚시
– 텐카라 낚시 도구와 기술

초판 인쇄 | 2021년 12월 05일
초판 발행 | 2021년 12월 10일

지은이 | 이 재 철
펴낸이 | 조 승 식
펴낸곳 | (주)도서출판 **북스힐**

등 록 | 1998년 7월 28일 제 22-457호
주 소 | 서울시 강북구 한천로 153길 17
전 화 | (02) 994-0071
팩 스 | (02) 994-0073

홈페이지 | www.bookshill.com
이메일 | bookshill@bookshill.com

정가 12,000원

ISBN 979-11-5971-398-9

Published by bookshill, Inc. Printed in Korea.